독립군을 기르고
광복군을 조직한 군사전문가
조성환

독립군을 기르고
광복군을 조직한 군사전문가 조성환

| 김희곤 지음 |

어느 시대나 반드시 풀어야 할 과제가 있는데 이를 시대적 과제라 부른다. 그리고 그 과제를 해결하는 정신이 곧 시대적 정신이다. 이는 역사적인 눈으로 보면 그것은 역사적 과제, 역사적 정신이 된다.

나라가 무너져 갈 때, 이를 떠받쳐 지탱하는 것이 시대의 과제요, 그것을 해결하는 것이 시대의 정신이며, 나라가 무너졌다면 이를 되찾아 세우는 것이야말로 시대적 과제요, 그것을 향해 나아간 정신이 곧 시대적 정신이다. 현대사에서 산업화나 민주화가 시대적 과제로 등장했듯이, 나라를 잃은 때에는 타협하고 살아가는 것이 아니라 나라를 되찾아 독립국가를 세우고 완성하는 것이 시대·역사적 과제였다. 이를 위해 나선 사람들이 바로 독립운동가였다.

독립운동은 시기와 장소에 따라 여러 가지 방법이 추구되었다. 당시 말로 표현하면 독립운동 방략方略이라 일컫는다. 독립운동 방략은 독립전쟁을 비롯하여 의열투쟁·외교활동·문화활동 등 다양하다. 그 가운데 무장투쟁을 포함한 독립전쟁은 그 분야에 밝은 전문가가 필요한 영역이었다. 의병 출신이거나 대한제국의 군인 출신 가운데 이론과 실무에 밝은 인재가 이끄는 것은 마땅하였다. 그런 인물에는 대한제국 무관학교를 졸업한 장교 출신, 일본 육군사관학교를 졸업한 뒤 만주로 탈출하여 독립군에 참가한 인물, 그리고 중국의 군관학교와 강무당 출신 등이 주류를 이루었다. 이 글의 주인공인 청사晴簑 조성환曹成煥(1875~1948)은 첫 번째 인물에 속한다. 두 번째 인물로는 이청천과 김경천이 대표적이고, 세 번째 인물로는 이범석이 있다.

　조성환은 대한제국 무관학교를 졸업한 장교 출신이다. 신민회에 들어 계몽운동에 이바지하고 베이징으로 망명하여 나라 밖에서 독립운동의 교두보를 확보한 뒤 만주로 이동하여 독립전쟁에 기여하였다. 1930년대에 대한민국 임시정부에 합류한 그는 1940년 충칭에서 대한민국 임시정부가 한국광복군을 창설했을 때 군무부장을 맡았다. 즉 임시정부에서 군사 업무를 총괄하는 직책을 맡고 있었음을 뜻한다. 군사 업무를 군령軍令과 군정軍政으로 나눈다면 이청천은 전자요, 조성환은 후자, 곧 군정을 총괄했던 인물이다. 하지만 한국광복군이나 독립군에 대해 말할 때, 대개 총사령관 이청천이나 2지대장 이범석을 들면서도, 정작 군무부장이던 조성환에 대해서는 그만큼 알지 못한다. 그에 대한 기록이나 연구 또한 많지 않았다. 그렇다고 그에 대한 연구가 전혀 없었던 것은 아니지만, 비슷한 활약을 보인 인물 사이에 그에 대한 평가는 아주 낮은 편이다.

　이제 그의 삶의 자취를 찾고 뒤밟아 가면서 그 생애를 복원하고 의미를 확인해서 규명하는 길을 나서고자 한다.

2013년 9월

김 희 곤

차례

청사 조성환

01 무관학교에서 귀한 인연을 만나다

조성환은 1875년 7월 9일 서울 낙원동 124번지에서 조병희曹秉熹의 장남으로 태어났다. 그의 가문은 창녕 조씨 부제학공파副提學公派 출신으로, 고조부 조용진曹龍振은 장령掌令, 증조부 조석우曹錫雨는 좌찬성左贊成을 지냈으며, 참봉을 지낸 부친 조병희는 조이승曹彝承의 양자가 되었다. 그리하여 조성환은 서울 한복판에서 양반 가문을 잇는 장남으로 태어나 전통적인 교육을 받으며 성장하였다.

조성환은 청사晴簑라는 호를 썼다. 신민회新民會를 중심으로 계몽운동을 벌이던 시절, 『황성신문皇城新聞』에 기고한 그의 자작시에 '청천사립晴天簑笠'이라는 표현이 있다. '맑은 날에 도롱이를 들고 갓을 쓴 사람'이란 뜻이다. 그런데 맑은 날에 웬 도롱이와 갓이란 말인가? 이 말은 곧 닥쳐올 어려운 날을 미리 대비하는 다짐을 뜻한 것이었다.

나라가 망하고 베이징北京으로 망명한 뒤 그는 '조욱曹煜'이란 이름을 썼다. 나라를 잃고 다시 밝은 날, 광복의 날을 향해 나아가겠다는 마음을 담은 것이라고 짐작되는데, 본명인 '성환成煥'도 불꽃을 이룬다는 뜻

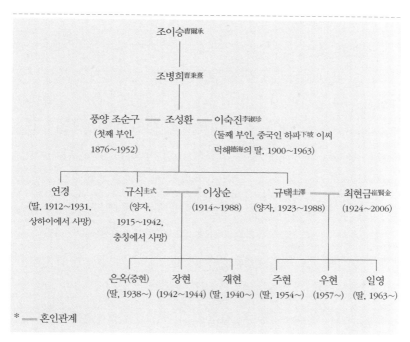

```
                        조이승曹彛承
                            │
                        조병희曹秉熹
                            │
        풍양 조순구 ── 조성환 ── 이숙진李淑珍
        (첫째 부인,              (둘째 부인, 중국인 하파下坡 이씨
        1876~1952)              덕해德海의 딸, 1900~1963)
                            │
      ┌─────────┬────────────┼────────────┬──────────┐
    연경        규식圭式 ── 이상순      규택圭澤 ── 최현금崔賢金
 (딸, 1912~1931,  (양자,    (1914~1988)   (양자, 1923~1988)  (1924~2006)
 상하이에서 사망)  1915~1942,
                 충칭에서 사망)
                    ┌──────┬──────┐          ┌──────┬──────┐
                 은옥(증현)  장현   재현      주현   우현   일영
                 (딸, 1938~) (1942~1944) (딸, 1940~) (딸, 1954~) (1957~) (딸, 1963~)

* ── 혼인관계
```

조성환의 가계도

으로 두 이름은 같은 의미를 담았다.

　25세가 되던 1900년 11월, 조성환은 육군무관학교 2기생으로 입학하였다. 당시 이 학교는 장교를 양성하는 교육기관일 뿐 아니라 외국어를 비롯한 신학문을 접할 수 있는 최고학부였다. 입학생도 대부분 칙임官勅任官의 자제들로 중심을 이루었으니 귀족학교였던 셈이다. 1기생은 1898년 7월에 시작하여 1년 6개월 동안 러시아식 군사훈련을 받은 뒤, 1900년 1월 19일 128명이 졸업시험을 통과하였다. 이들은 1월 24일 참위로 임명되어 육군무관학교는 장교 양성기관으로 틀을 다졌다. 조성환은 바로 1기생이 졸업하던 1900년에 입학하였다.

조성환은 육군무관학교에서 상반된 두 가지 일을 겪었다. 하나는 뒷날 나라가 무너진 뒤 함께 길을 헤쳐 나갈 귀한 인연을 만난 것이다. 학교에서 만난 동기생 신규식申圭植·서상팔徐相八, 교관이었던 노백린盧伯麟·김희선金義善 등은 장차 독립운동 전선에서 얼굴을 맞대며 서로 힘을 보태는 동지로 살아가게 된다. 특히 1910년 나라가 무너진 뒤 상하이上海와 난징南京으로 함께 가서 신해혁명辛亥革命의 현장을 둘러보고 힘을 모은 사람이 바로 조성환과 신규식이었는데, 이들의 만남은 이미 육군무관학교에서 시작된 것이다. 더구나 같은 무관학교 출신이기 때문에 독립운동 과정에서도 독립전쟁론에 중심축을 두고 군대를 길러 내거나 군사 업무를 주관하는 일을 맡았다.

무관학교에서 겪은 다른 한 가지 큰 충격은 그의 손으로 일어난 것이다. 졸업을 앞둔 1902년 1월 9일, 그는 무관학교 개혁 요구에 앞장서면서 자퇴 투쟁을 펼쳐 나갔다. 처음에 그는 학교와 군부 당국의 부패, 불합리하고 비정상적인 학교 운영을 못마땅하게 여겨 이에 대한 개혁을 건의하였다. 그러나 거듭된 개혁 요구에도 학교 측이 꿈적도 하지 않자, 그는 동맹 퇴교라는 극단적 투쟁을 선택하였다. 조성환과 동기로 입학했던 신규식도 주동자 가운데 한 사람이었지만, 동맹휴학이 일어날 당시 몸이 아파 고향에 가 있던 덕분에 처벌을 피할 수 있었고, 1902년 7월 참위로 임관하게 된다.

동맹 퇴교 투쟁이 터지자마자, 조성환은 바로 붙잡혀 영창에 갇혔다. 당시 이 사건은 『황성신문』에 다음과 같이 보도되었다.

「**무도이송**武徒移送」

무관학도중武官學徒中 청원자퇴請願自退 수창자首唱者

조성환曹成煥은 중영창重營倉에 착수捉囚(필자)하고 기

차其次 윤태운尹泰運 이창인李昌仁 심상면沈相冕 남상

익南相翼 이인영李仁永 등等은 경영창輕營倉에 착수捉囚

하얏난되 육군법원陸軍法院으로 이송移送 조율照律한

다더라.

－『황성신문』 1902년 1월 20일

이 기사에서는 '청원자퇴'라는 표현이 나오는데

'스스로 무관학교를 그만두겠다.'는 동맹 퇴학 투

쟁이란 뜻이다. 또한 주동자가 조성환이란 사실과 함께 그가 주동자이

기 때문에 남들과 달리 중영창에 갇혔다고 적고 있다. 2월 7일 그는 육

군법원에서 역종신役終身, 즉 종신형을 선고받았다. 군법회의니 만큼 최

고형에 달하는 형벌이었다. 정규환 등 나머지 12명도 법에 따라 등급에

차이를 두어 선고를 받았다. 그런 뒤 3월 2일 육군법원은 그에게 역役

15년을 최종 선고하여 처벌자 가운데 가장 무거운 형량을 선고하였다.

육군법원이 종신형에서 15년형으로 형량을 낮춘 것은 '지의旨意'를 참작

하였기 때문이었다. 이는 조성환이 주장하고 나선 동맹 퇴교 투쟁에 정

당한 주장이 담겨 있었고 이것이 어느 정도 헤아려졌다는 뜻일 것이다.

15년 유배형이 확정되자, 그는 유배지로 옮겨졌다가 2년이 지난

1904년 6월에 풀려났다. 『황성신문』 1904년 6월 20일자에 "부위 심상

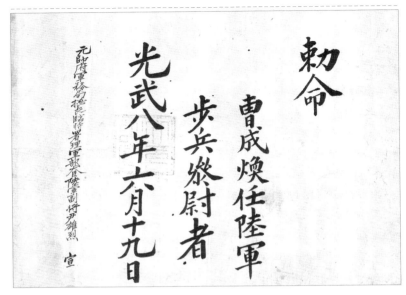

보병 참위 임명장(1904년 6월 19일)

희 등 6인은 면관免官되고, 유배되었던 조성환 등 13인은 부직附職 수용需用"되었다는 기사가 보도되었다. 이것은 6월 19일자 칙령으로, 처벌 받은 학도 13명이 모두 복권되었고, 조성환도 보병 참위로 임관했음을 말해준다. 하지만 다른 장교들과 달리 그에게는 차별 대우가 따랐다. 그는 홀로 보직을 받지 못했으며, 3년 뒤인 1907년 8월 1일 군대가 해산될 때까지 그저 군적만 유지할 뿐이었다. 계급은 있어도 맡는 자리가 없는 신세가 된 것이다.

직책도 없던 초급장교 시절, 조성환은 상동교회尙洞敎會를 드나들며 새로운 길을 찾아 나섰다. 상동교회에는 전덕기 목사를 중심으로 청년지사들이 많이 모여들었다. 전덕기는 독립협회에 참가하여 자주독립·자유민권·자강개혁운동에 참가했던 인물이다. 그는 1902년 감리교선교회에서 전도사가 되었는데, 조성환과는 동갑내기였다.

조성환은 비록 기독교도가 아니었지만 이 교회를 드나들며 상동청년회에 참가하였다. 대종교나 천도교 단체에서 활동하던 인물들도 여기에 참가한 것을 보면, 상동청년회는 기독교도로 한정된 모임이 아니라, 계몽운동을 벌이던 인물들이 모인 집단으로 보인다. 조성환은 1905년 외교권을 빼앗기는 '을사조약(「박제순·하야시 강제합의」)'이 터지자 상소를 올려 외교권을 되찾기 위해 노력하였고, 전덕기도 '을사조약 무효투쟁'을 벌였다.

1905년 조성환은 평양성당에서 세운 기명학교箕明學校의 교사가 되었는데, 그곳에서 안중근을 만나게 된다. 그리고 안중근의 삶에 중요한 영향을 끼친다. 뒷날 안중근 의거가 터진 뒤 일제가 정리한 「이등공(伊藤公) 암살범 안응칠安應七(중근重根)」이란 조사 보고에는 안중근과 조성환과의 친교가 잘 나타난다. 안중근이 평양을 떠나기 전에 만난 인물은 기명학교 교사로 있던 조성환이었다. 안중근은 조성환으로부터 국권을 회복하기 위해서는 새로운 학문이 필요하다는 이야기를 듣고, 마침 이상설李相卨이 간도에서 문을 연 관전학교로 향했다. 이때 안중근은 조성환이 써준 첨서添書를 받아가지고 갔다고 한다. 이러한 점에서 보았을 때, 안중근이 간도로 망명한

『황성신문』(1906년 10월 5일)에 실린 조성환의 한시

뒤 펼쳤던 자취는 조성환에게 받은 영향이 컸음을 짐작하게 한다.

　바로 이 무렵에 그의 마음을 알 수 있는 글이 발표되었다. 『황성신문』 1906년 10월 5일자 '사조詞藻'라는 문예란에 「청사자해晴簑自解」라는 제목으로 게재된 한시가 그것이다. 자신의 필명이자 호인 '청사晴簑'가 무슨 뜻인지를 스스로 풀이하는 시였다. 앞에서도 말했듯이 청사는 '청천사립晴天簑笠', 즉 '맑은 날에 도롱'이라는 뜻이다. 비가 올 때 덮어쓰는 도롱이를 맑은 태양 아래서 쓴다는 것으로 유비무환을 말하는 것이니, 나라가 무너지는 긴박한 순간에 그가 무엇을 생각하고 있었는지 짐작할 수 있다.

청사를 스스로 풀이하다	晴簑自解
여름엔 베옷 겨울엔 갖옷이 각각 마땅하지만	夏葛冬裘各適宜
갠 날 도롱이 삿갓도 서로 어울린다네	晴天簑笠底相隨
강호의 본디 모습 원래 이와 같으니	江湖本色元如此
비바람 앞날을 알기 어려울세라	風雨前頭未可知
이슬 젖어 우거진 풀 언덕에 앉아 있으니	露濕坐因芳草岸
밝은 달은 푸른 버들가지에 걸려 있구나	月明掛在綠楊枝
사람들아 지금 소용이 없다고 웃지 마라	傍人莫笑今無用
예로부터 처신에는 저절로 때가 있느니	從古行藏自有時

조성환은 비바람이 몰아칠지도 모르는 앞날을 알기 어렵다면서, 지금 당장 소용이 없다고 웃지 말라고 경고하였다. 또한 외교권을 잃고 나라가 무너져 가는 모습이 눈앞에 펼쳐지던 상황에서, 미리 준비하고 대처하자는 다짐과 권유를 담았다. 그러면서 마지막 연에서는 '행장行藏', 곧 나아가고 머무는 처신은 때가 있다고도 썼다. 스스로가 초급장교이면서도 직책을 갖지 못하고 밖으로 나도는 형편이었기 때문에 때를 기다리고 있는 마음도 드러냈다. 이 작품에 대해 『황성신문』은 1906년 10월 5일자에 '스스로 좋은 재능을 지니고도 위양에 낚시를 드리우다自負利器垂釣渭陽'라는 평을 함께 실었다.

그 무렵 신민회가 비밀리에 조직되자 조성환은 여기에 참가하였다. 1907년 4월 안창호와 양기탁 등이 상동청년회를 중심으로 신민회를 조직하고 나섰으므로, 상동청년회에서 활동하던 조성환이 여기에 참가한 것은 지극히 당연했다. 신민회는 무너지는 나라를 지켜내기 위해 인재를 양성하고 민족 자본을 모은다는 목표를 내세웠다. 특별히 눈길을 끄는 대목은 공화정체를 지향했다는 점에서 독립협회 이후로 이어 온 정치운동의 맥을 잇기도 하였고, 전제군주사회를 한 걸음 더 발전시켜 나가려는 발전적인 성향을 읽을 수도 있다.

1907년 8월 1일 대한제국 군대가 해산되었다. 일제가 헤이그특사를 구실로 삼아 광무황제(고종)를 퇴위시킨 뒤 융희황제(순종)를 억지로 즉위시키고서 '정미7조약'을 강요하여 대한제국의 모든 권력을 빼앗았다. 그 조약의 부속 밀약으로 「한일협약규정실행에 관한 각서」라를 만들어 대한제국 군대를 정리한다는 방침을 정한 것이다. 이것은 일제가 러시아를 물리친 뒤 대한제국을 빼앗기 위한 마지막 절차였다. 7월 31일 밤, 일제는 군대 해산에 대한 칙령을 반포하도록 강요하고 이튿날인 8월 1일 오전, 동대문 훈련원에서 해산식을 거행하였다. 그러나 제1연대 제1대대장 박승환朴昇煥이 자결하며 저항하자, 그가 지휘하던 제1대대와 제2연대의 제1대대가 일어나 반일 전투에 나섰다. 남대문과 창의문 일대에서 시가전이 4시간 동안이나 펼쳐졌고, 기관총을 동원한 일본군에 맞서 싸우다가 수많은 전사자와 부상자들이 발생하였다. 이러한 저항은 원주진위대와 강화진위대를 비롯한 지방의 진위대에서도 나타났다.

군대 해산 이후 장교들에 대한 면직을 담은 칙령이 발표되었다. 『황성신문』 1907년 9월 24일자에 따르면 9월 3일자로 발표된 육군 참위 316명 면관免官 내용에 조성환의 이름도 들어 있었다. 그러나 이러한 난리가 벌어지는 상황 속에서도 그는 한 걸음 비켜나 있었다. 비록 장교이지만, 직위가 없던 그는 평양 기명학교 교사로서 교육구국운동에 힘쓰고 신민회에 참가하면서 언젠가는 직책을 맡고 나라에 쓰임을 받는 날을 기다렸던 것인데, 그 기다림이 허사가 된 것이다.

그러나 이때 조성환은 군인들이 해산에 저항하여 시가전을 벌이다가 전사자와 부상자가 넘쳐나자, 이들을 위문하고 구휼하는 데 앞장섰다. 남대문 근처에 병원 문을 열었던 김필순이 부상자를 옮겨 치료에 나선 것도 이날이었다.

조성환은 정규환鄭圭煥·윤태훈尹泰勳·안준호安晙鎬 등과 함께 병원을 찾았다. 이들 가운데 정규환과 윤태훈은 무관학교 시절 동맹 자퇴 투쟁에 함께 나섰다가 처벌을 받은 동지였다. 이들이 찾은 병원은 세브란스 병원일 가능성이 높다. 그는 부상 장병들을 위로하면서, 의사에게 팔다리가 잘려 나간 중상자 8명에게 '인도고印度膏'로 의족·의수를 만들어 주는 데 필요한 금액이 얼마인지 물었다. 의사는 2,500환이 필요하다고 하였다. 그는 이들을 돕기 위해 신문에 구휼금을 모집한다고 광고를 내기 위해 동지 세 사람들과 함께 발기인이 되어 구휼금 모금운동에 나섰다. 이들은 구휼금수합소를 황성신문사·제국신문사·대한매일신보사에 두고 이를 『황성신문』에 1907년 9월 11일자부터 몇 달 동안 지속적으로 광고를 실어 모금운동을 펼쳐 나갔다. 기부금을 내는 인물 명단은 날마다 신문에 실렸다. 이들은 스스로도 1환씩 기부금을 내놓는 등 군대 해산에 맞서 싸우다가 중상을 입은 장병들을 돕는 일에 팔을 걷어붙였다.

군대 해산 이후 나라 안에는 일제에 맞서 싸울 수 있는 군사력이 없

「황성신문」 기부금 모집 광고

어졌으며, 대한제국 영토는 자주권을 상실한 공간이 되었다. 곳곳에서 의병이 일어나 일본군에 맞서 싸우고 있지만, 이것만으로 국권을 지켜낼 수 없을 뿐만 아니라, 머지않아 나라를 빼앗길 것이라고 누구나가 생각하고 있었다. 그러므로 자연스럽게 나라 밖에서 군사력을 기르는 길을 찾았고, 무관학교 출신인 조성환 또한 나라 밖에 기지를 세우고 군대를 길러내는 쪽으로 방향을 돌린 것은 당연한 것이었다.

그는 연해주沿海州에 형성되고 있던 의병 조직을 눈여겨보고 1908년 1월 연해주로 가서 최고 실력자 최재형을 만났다. 이러한 그의 선택은 개인 차원이라기보다는, 신민회 차원의 선택으로 보는 것이 옳을 것이다. 얼마 뒤 신민회가 나라 밖에 독립군기지 건설이라는 방향을 설정하고 망명과 헌신의 길을 택한 사실을 보면, 그럴 가능성이 크기 때문이다.

조성환은 나라 밖으로 눈길을 돌리는 한편으로, 구국계몽운동에도 줄곧 몸담고 있었다. 1908년 8월에는 기호흥학회 회원으로 가입하여 활동하였는데 입회금과 월회비인 월연금月捐金 두 달 치로 20전을 납부했다. 특별기부금 납부자 명단을 보면 뒷날 그와 상하이에서 신해혁명 현장을 방문하게 되는 신규식이 특별기부금으로 1천 원을 약정하고 그 가운데 10원을 선납했다는 내용이 나와 있다.

03 베이징에서 나라 안팎을 연결하다

조성환은 나라가 무너진다는 사실이 불 보듯 확실해지자 망명길에 올랐다. 시간을 갖고 실력을 길러 독립전쟁을 펼치는 장기적인 전략으로 방향을 정한 것이다. 그의 생각만 그런 것은 아니었다. 신민회도 그랬고, 그 계열이던 미주 지역의 공립협회共立協會도 러시아 한인사회를 조직화하기 위해 움직여 1909년 1월에 공립협회(2월에 '국민회'로 개칭) 블라디보스토크 지회를 설립하였다.

조성환이 신민회 차원에서 망명길에 오른 사실은 1910년 이후 안창호와 주고받은 서신과 1937년 대한민국 임시정부의 여당이던 한국국민당의 기관지 『한민韓民』에서 조성환을 소개하면서, "신민회의 사명을 지고 북경에 와서 근거를 정하고 있다가"라는 구절에서도 잘 알 수 있다.

조성환이 망명길에 나선 때는 1909년 2월이었다. 그는 이보다 한 달 앞선 1월에 크라스키노(연추煙秋)를 다녀온 뒤 서울에서 신민회 간부들에게 상황을 설명하였다. 그러면서 자신은 앞으로 베이징에 터를 잡고 독립운동 기지를 만들고 나라 안팎을 연결하는 창구 구실을 맡겠다고 나섰다. 이런 논의는 서울 사직동에 있던 이종호의 집에서 이루어졌고, 그 자리에 노백린·이갑·유동열·정운복·김희선·안창호·양기탁 등이 참석하였다. 평안남도 경찰부장이 1910년 10월 25일에 전보로 보고한 내용에 따르면, 이들은 조성환에게 송별연을 열어 주었고, 이갑·유동열·이종호는 조성환에게 여비로 500원을 주었다고 알려진다.

정리하면 신민회가 나라 밖에 독립운동 기지를 건설한다는 목표를 세우고, 이를 연계시킬 주요 거점 가운데 하나로 베이징을 지목하고 이곳을 조성환에게 맡겼고, 조성환이 스스로 이 일을 맡고 나선 것이다. 베이징은 대한제국이 무너지기 전까지 세계정세를 확인하면서 새로운 길을 찾을 수 있는 창구 가운데 하나로 여겨지던 곳이었다. 게다가 신해혁명이 일어나기 전이라, 상하이上海나 난징南京보다 청국 수도인 베이징(당시는 연경燕京)에 관심이 집중되었다. 러일전쟁이 끝난 뒤 대한제국을 지켜낼 수 있도록 외교 활동을 벌일 수 있는 나라는 사실상 없는 셈이었다. 미국은 이미 일본과 손을 잡은 형편이고, 러시아는 일본에 패하여 한 발 물러선 형편이었다. 그러니 비록 10여 년 전 청일전쟁에서 패하여 뒤로 물러선 청국이지만, 그래도 다시 외교 관계를 갖고 길을 찾을 수 있는 상대는 청국이라 여길 만했다. 조성환이 베이징을 택한 이유도 거기에 있고, 그곳을 정보 수집 창구로 삼으면서, 한국 청년들에게 군사교육을 도모할 수 있는 알맞은 곳으로 여긴 것이다.

조성환은 1909년 2월에 베이징으로 갔다. 그는 여기에서 '조욱曺煜'이라는 이름을 사용하였다. '조욱'은 조성환이란 이름보다 중국인처럼 느껴져서 그가 중국인처럼 움직이거나 중국인들과 교제하기 위해 중국

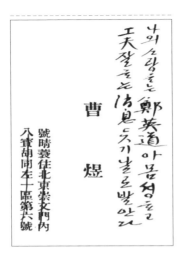

조성환의 명함
조욱(曹煜) 호 청사(晴蓑), 베이징 숭문문내
팔보호동 좌구 제6호
"나의 사랑하는 정영도(鄭英道) 아 몸 성하
고 공부 잘하는 소식 듣기 날로 발안다."

식 이름을 선택한 것이라 짐작된다. '욱煜'은 불꽃이 확 일어나는 모양을 뜻한다. '성환成煥'이라는 이름도 불꽃이 일어난다는 뜻이니, 같은 뜻을 가진 이름을 중국식으로 한 글자로 줄여 '욱'으로 한 셈이다. 또한 단순하게 밝음만을 뜻하는 것이 아니라 '광복', 곧 나라를 본래의 모습으로 되살려낸다는 의지까지 담아낸 것이라고 짐작할 수 있다.

한편 그의 이름을 대종교와 관련해 추정하는 견해도 있다. 대종교에 입교한 뒤에 한 글자로 개명하는 일이 흔하였기 때문에 그의 이름 변경과 대종교 입교 사이에 관계가 있을 것이라는 논리였다. 그는 1918년 음력 5월 10일 참교參敎라는 등급에 올랐다. 이 사실은 대종교총본사에 소장된 「종문영질倧門榮秩」(1922년 기록으로 추정)에 '참교'로 기록된 데서 확인할 수 있다. 대종교에는 입교–참교–지교–상교–장교–사교 순서로 등급이 오르는데, 그가 참교가 된 시점이 1918년이었다. 그래서 입교하면서 이름을 바꾼 것으로 짐작하는 견해도 있다. 그런데 그가 대종교에 발을 디딘 때는 대체로 망명하던 무렵 전후로 보인다. 뒷날 대종교총본사에서 발간한 『대종교중광60년사』에 조완구가 조성환에 대해 "경술국치를 당하매 대종교를 신봉하고 분연히 조국을 떠나서 중국 북경에 망명하여"라고 적은 구절이 있는데, 이 사실이 그의 망명 시기를 말해 준다.

이런 견해를 받아들여 해석하더라도, 그의 개명은 일단 베이징 망명 자체와 먼저 연결시키고, 이에 대종교 입교를 덧붙여 풀이하는 것이 좋을 듯하다.

신민회는 조성환이 베이징에 터를 잡은 1909년 여름부터 만주에 군사기지를 세우는 데 속도를 냈다. 그해 7월 신민회가 중국 칭다오青島에서 회의를 열어 군사기지 건설을 논의할 때 조성환도 그 자리에 있었다. 그곳에는 안창호를 비롯하여 유동열·신채호·이동휘·이종호·김지간·이강·박영로·김희선·이종만 등이 참석하였다. 이들은 만주 밀산密山 봉밀산蜂密山 지역에 무관학교를 세우고 군사기지를 만들자고 뜻을 모았다. 일을 추진하기 위해서는 무엇보다 사람과 자금이 필요했고, 또 이를 이어 주는 연결점이 필요했다. 따라서 베이징에 교두보를 마련하고 이를 바탕으로 한국 청년을 모으고 군사력을 키워 나가며 인력을 공급하는 일이 필요했는데, 조성환에게 이 일이 맡겨졌다.

1910년에 들면서 조성환은 안창호에게 편지를 보내 자신의 동정을 샅샅이 알리기 시작했다. 지금 전해지고 있는 자료만 헤아려도 1910년부터 5년 동안의 편지가 수십 통을 넘는다. 조성환이 안창호에게 편지로 베이징에서 수집한 정세 변화를 알리면서 편지마다 번호를 붙였다. 중간에 전달이 제대로 되지 않을 수도 있기 때문에 이를 확인하기 위해 적는다고 뜻을 밝히기도 했다. 그 번호는 해마다 다시 1번부터 시작하기도 하고, 특정한 일이 생긴 뒤에 다시 시작하기도 했다. 안창호가 중국으로 망명하여 블라디보스토크로 가던 1910년 4월부터 뉴욕에 도착하는 1911년 9월 사이에는 주소지가 이를 따라갔다. 그러다가 안창호가 미국에 도착한 뒤로는 편지는 자연스럽게 미국 주소로 바뀌었다. 미국에 보낸 서신은 대체로 16~17일, 신문은 24~25일 가량 걸린다고 조성환은 판단하였다.

시기가 가장 앞서는 편지가 1910년 음력 3월 4일에 보낸 것이다. 시기로 봐서는 안창호가 망명길에 오르던 순간이었다. 그는 나라 안팎에서 많은 사람들이 붙잡혀 들어가는 일에 대해 '일망타진하는 모양'이라고 표현하면서, 40여 명이 붙잡혔다더니 이제는 180명 넘게 끌려갔다고 적었다. 그의 주거지는 몇 달을 넘기지 못하고 자꾸만 바뀌었다. 1910년 음력 3월 4일 편지에는 베이징 '숭문문외崇文門外 자기구가로磁器口街路 서청화사가西淸化寺街 청화사淸化寺 서격벽西隔壁 제16호'라고 적으면서 네 칸 집의 월세가 6원이라 밝혔다. 그해 12월의 편지에는 '정양문正陽門 서악부와북西岳部窪北 동정대원로銅井大院路 북北 제16호 김우가金友家'로 옮겼다는 내용이 담겼다.

안창호는 칭다오 회의 이후 8월에 블라디보스토크로 가서 이듬해 5월부터 석 달 동안 미주로 가기 위해 시베리아를 가로질렀다. 그는 마침내 8월 26일 영국을 떠나 9월 2일 미국 뉴욕에 도착했다. 그동안 조성환은 서신을 봉밀산이나 크라스키노 등으로 보내 이것이 안창호에게 전달되도록 했다. 1911년 6월 16일 편지에는 안창호를 안광댁安廣宅이라는 비밀 이름으로 적고, 이승훈이 제주도에, 이동휘는 경기도의 대무의도大舞衣島에 유배되었다는 소식을 담았다. 손정도 목사 편에 양복 20가지가 도착했기에 보낸다는 소식도 있었다.

조성환이 베이징에서 펼친 활동 가운데 학생들을 관리한 것도 눈길을 끈다. 청년들에게 중국어를 가르치고, 중국 곳곳에서 문을 연 학교에 소개하여 새로운 인력을 길러내는 사업이었다. 『독립신문』 1921년 10월 5일자에 의하면, 뒷날 대한민국 임시정부에 참가하여 재무부 차장을 맡아 공을 세운 윤현진이 배재중학을 다니다가 베이징으로 유학길에 나섰을 때 조성환을 만나 인연을 맺고 『소년少年』이란 잡지의 편집을 맡았다는 이야기도 이런 가운데 나온 것이다. 그런데 조성환은 베이징이 한국 학생을 육성하기에 그리 알맞지 않다고 여겼다. 베이징에서는 말을 익히고, 그 뒤로는 교통이 편리한 허난성河南省을 비롯한 중국의 동부 지역 곳곳으로 보내는 것이 바람직하다는 의견을 내놓았다. 다만 학비와 식비를 면제받도록 하기 위해서는 한 개의 성省에 세 사람 이내로 보내는 것이 좋겠다는 의견을 덧붙였다. 또 한편으로는 미국으로 유학생을 보내는 일도 있었고, 두고두고 그 안부를 묻는 일도 있었다. 이처럼 유학생들을 길러내는 사업은 신민회 차원에서 비롯된 것임은 분명하다.

조성환이 안창호에게 보낸 편지에는 학생들 이야기가 자주 등장하였다. 특히 눈길을 끄는 것은 여학생 유영준劉英俊이었다. 유영준은 안창호의 지원을 받아 북경여학교를 졸업하였는데, 조성환의 편지에 그의 소식이 드문드문 등장하였다. 조성환은 유영준 교육에 대한 의견을 쓰면서, 여자 사회에 모범이 될 인물로 성장시켜야 한다고 밝혔다. 다만 재정 형편 때문에 이를 적극 뒷받침하기 어렵다고 말한 뒤, 다행스럽게 하얼빈에서 유동열의 지원을 받아 학업을 계속하게 되었다는 사연을 보내기도 하였다. 유영준은 북경여학교를 다니고, 귀국하여 3·1운동에 참여한 뒤 일본으로 가서 도쿄여자의학전문학교를 졸업한 뒤 일월회에 참가했다. 귀국한 뒤 유영준은 이화여자전문학교의 교의校醫를 지내고, 산부인과의원을 개업했으며, 근우회 활동을 폈다. 그러다 광복 뒤에는 남조선노동당 중앙위원이 되고 1947년 월북하였다.

조성환이 펼친 일 가운데 다른 곳의 거점을 만드는 것도 중요했다. 1911년 음력 8월 30일자 편지에 그는 하얼빈을 방문하고 그곳의 일을 정대호鄭大浩에게 맡길 만하다는 의견을 썼다. 다만 이동휘가 신임하던 김철金澈을 만나 부탁했지만, 그는 러시아 상트페테르부르크로 간다면서 받아들이지 않았다는 소식도 썼다. 또 이 무렵 그가 하얼빈을 거쳐 무링현穆陵縣으로 가서 안정근을 만나고 의견을 나눈 일도 전했다.

1912년 무렵 조성환은 안창호로부터 '통신원'이란 이름의 위임장을 받았다. 이것은 조성환이 통신기관을 맡고 있다는 뜻이기도 하였다. 이에 조성환은 위임장이 필요 없으나 받고 보니 더욱 책임을 느낀다고 답을 보냈다. 그때까지 줄곧 통신원으로서 활약을 펼쳐 왔지만, 그 활동에 맞는 정식 직함이 주어진 것이다. 조성환이 맡은 임무는 신해혁명을 비롯한 중국의 정세 변화와 한인 동포사회의 상황 등을 지속적으로 조사하여 보내는 것이고, 유학생들의 학업을 알선하고, 중국 요인들과 외교관계를 맺어 독립운동의 토대를 만들어가는 것이었다.

안창호는 조성환에게 부정기적으로 통신원 임무를 수행하는 데 필요한 활동자금을 보냈다. 안창호가 보내온 100불이나 50불 등을 우편국에서 찾은 사례가 편지에 드문드문 담겨 있어 그러한 정황을 헤아릴 수 있다. 그는 안창호에게 보낸 편지에서 지난 4년 동안 귀한 돈 2,000여 원을 받고서도 그 값은 조금도 없는데, 날이 갈수록 용도는 커지니 답답

하다면서 복잡한 심정을 드러냈다. 그러면서 구체적으로 항목마다 들어가는 금액을 적었다. 그 내역을 보면 그가 베이징에서 어떻게 움직였는지 알 수 있다. 예를 들면, 1912년 음력 5월 7일자 편지에는 한 달에 양식과 연료, 식수 등 기본 생활비가 40원, 신문·인력거·우편료·필기구·연초·신서적 구입·방문 동포 교통비 등에 50원, 여기에 개인 생활비가 들어간다는 것이다. 이처럼 베이징에서 통신기관이자 거점을 운영하는 데는 한 달에 100원 가량 들어가는데, 1909년부터 1912년 5월 사이에 안창호가 보내온 돈은 모두 2,000원 정도였다고 기록하였다.

또 1913년에 작성된 금전출납 합계를 보면 해마다 900원 안팎의 수입·지출이 이루어졌는데, 또 다른 편지에는 쓰임새가 늘어나는 데 반해 수입이 모자라는 형편을 쓴 것을 보면 베이징의 활동 바탕에 안창호의 지원과 연계가 결정적으로 작용한 것을 헤아릴 수 있다. 안창호의 지원이란 말할 것도 없이 미주의 대한인국민회가 보낸 것으로 볼 수 있다. 조성환이 처음 베이징에 거점을 마련할 때는 신민회 차원의 사업이었지만, 안창호가 미국에 도착한 뒤로는 사실상 대한인국민회의 통신원이 된 셈이고, 이는 또한 안창호가 그려낸 독립운동계 전체를 엮어가는 차원으로도 해석할 수 있다.

신해혁명의 현장을 돌아보고 베이징으로 돌아온 뒤, 조성환은 만주 지역 동포사회의 현황을 보고하면서 당면 문제를 해결해 나갈 단계별 방안을 내놓았다. 그는 만주에 터를 잡은 동포들의 이주 원인을 치밀하게 분석하고, 이들이 당면한 가장 큰 문제가 생계 곤란에 따른 가련한 상황이며, 이를 해결할 수 있는 방안을 제시하였다. 그는 무엇보다 먼저 동포들이 중국인으로 입적하는 길이 가장 빠른 해결 방안이라고 제시하였다. 다음으로 병역 의무를 지고 관립학교에 들어가 장래 군사력을 준비하면서 중국인과 밀접한 관계를 갖게 해야 한다는 것이다. 그 다음으로 눈길을 끄는 것이 '통일된 자치기관'을 세워야 한다는 것이었다. 이것이 없으면 민족 개발은 불가능하다고 주장하면서, 정확한 기관을 만주 중앙에 두는 것이 급선무라고 힘주어 주장했다. 그가 육군학당과 관립학교에 학생들을 입학시키려고 애를 쓴 이유도 돈을 들이지 않고 군사력을 길러내려는 데 있었다.

조성환이 안창호에게 보낸 소식 가운데 무엇보다도 흥미로운 것은 1911년 가을부터 신해혁명의 현장을 마치 중계방송 하듯이 알린 것이다. 그는 중국 여러 성의 총독 이름과 혁명 진척 상황을 자세하게 적었다. 1911년 음력 9월 1일자 편지에는 베이징시의 재정이 공황상태라거나, 군대가 철도를 군용으로 강제 동원하는 바람에 나타난 혼란과 신문 검열, 혁명에 대한 일본·러시아 공사의 간섭과 이에 대한 영국·미국·프랑스 공사의 반대와 국외중립 선언, 쓰촨성泗川省 학생들의 휴학과 철시 투쟁에 이은 광쉬디光緖帝 폐위 요구, 혁명군의 무한삼진 점령과 군비 확보, 외국인의 엄정한 중립 등 다양한 상황이 자세하게 묘사되었다. 이처럼 사실만 적은 것이 아니라 베이징에서 확보한 일간신문도 함께 보내 안창호가 중국의 혁명 진척 상황을 확실하게 파악할 수 있도록 도왔다.

안창호에게 보낸 조성환의 글은 공화주의와 신해혁명에 거는 자신의 기대와 생각을 보여 준다. 조성환은 그처럼 악화된 상황의 원인이 청국의 300년 전제專制에서 비롯된 것이라 지적하고, 그 때문에 '혁명당의 일

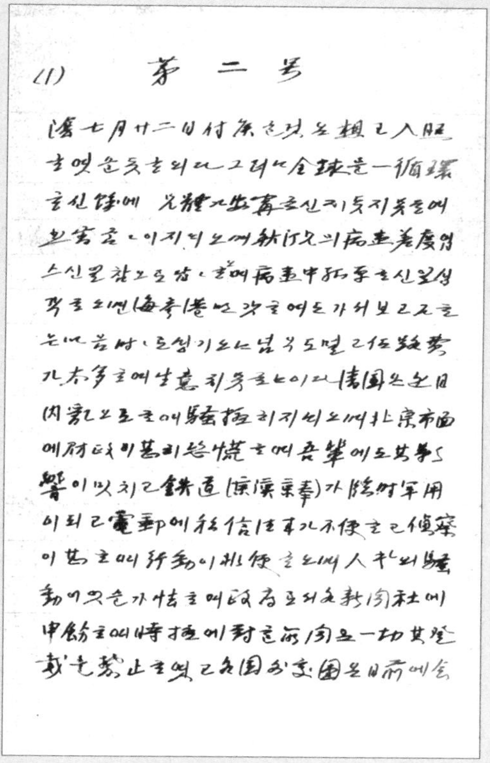
(1) 第二号

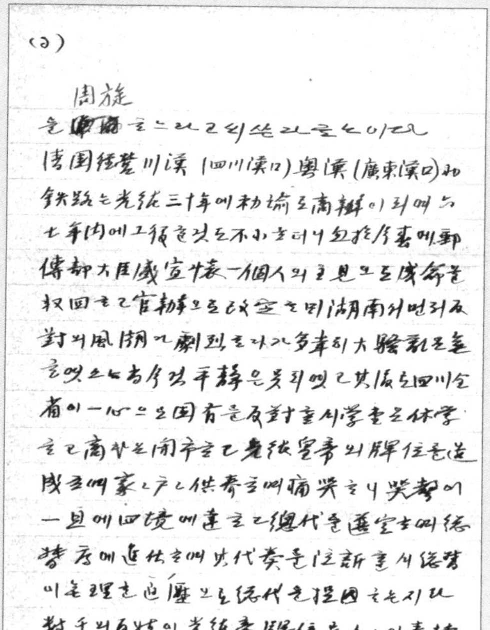
(2)

1911년 음력 9월 1일. 조성환이 안창호에게 보내 편지성一聲'에 전체가 영향을 받는다고 썼다. 그는 혁명을 이끌고 있던 국민군에 대해서는 "처사가 바르고 외교가 민활하며 설비가 완전하여 백전백승"이라면서, 국민군 정부에 대해 각국 외교단의 자세는 우호적이고, 국민군을 전투 단체로 인정하여 국외중립을 선언하고, 관전병을 파견했다는 소식을 적었다. 이와 반대로 청국 육군대신은 피살되었다는 소문이 나돌고 있고, 관군은 식량이 부족하며, '백전백패'라고 표현하였다. 더구나 청군의 1군 2진은 화차를 이용하여 이동한 뒤, 퇴각할 때 사용하겠다고 차량을 돌려보내지 않고 가지고 있는 바람에 화차가 부족하여 수송 능력에 심각한 일이 벌어지고 있다고 적었다.

조성환은 청국에 주재한 각국 외교단이 신해혁명을 바라보고 대처하는 자세를 명확하게 정리하고 이들 사이에 벌어지는 갈등 구도를 알렸다. 예를 들면 일본과 러시아 공사가 신해혁명을 간섭하자고 제의하자, 영국·미국·프랑스·독일 공사가 반대하고 나서면서 '국외중립'을 선포하고서 관전원觀戰員을 파견했다고 알렸다. 그는 특별히 베이징에 소문으로 나돌던 일본의 이중정책에 대해 "일본은 혁명당을 부추겨 항거하게 하고 정부를 부추겨 소토掃討케하여, 일본에 청병請兵하여 소토를 위임하기를 주선한다 하나이다."라고 썼다. 일본이 혁명세력과 청국 정부를 싸우도록 유도하고, 청국 정부군을 대신하여 혁명군 토벌에 앞장서겠다는 계산이라는 것이다. 또 그는 각 성省이 독립을 선언하면서 연방민주정체 조직을 시도하고 있다면서, 위안스카이袁世凱 총리대신이 신내각을 조직했으나 응하지 않는 자가 있을 만큼 국민으로부터 신뢰를 받지 못하고 있고, 여러 성의 혁명당도 통일단체를 구현하기 힘들다면서 외국의 간섭이 없으면 만한滿漢 분립도 가능할 것이고, 반면에 외국이 간섭하면 조각조각 잘려 나뉠 수도 있다고 판단하였다.

신해혁명이 진행될수록 조성환의 흥분도 높아갔다. 1911년 11월 편지에는 중국의 즈리直隷(현 허베이성 일대)·산둥山東·산시山西·허난河南 4성 외에 14성이 이미 공화국에 가담했다면서, 쑨원孫文이 임시대총통에 선출되어 음력 11월 7일 상하이에 와서 취임했고, 25일(양력 1912년 1월 13일) 임시국회가 열린다는 소식을 적었다. 이처럼 중국 신해혁명의 현장 소식은 생중계처럼 안창호에게 전달되었다. 물론 안창호도 1911년 9월 미국에 도착한 뒤 그곳의 신문을 통해 소식을 들었지만 '통신원'의 눈으로 확인된 현장의 역동적인 움직임을 생생하게 들을 수 있었던 것이다.

조성환은 1911년 음력 9월 11일자 편지에서 "혁명에 찬동할 한국의 기관이 없어 아쉽다."고 표현하였다. 이는 조성환이 혁명에 찬동한다는 사실을 말해 주고 있고, 한국 독립운동계의 전반적인 인식의 틀을 알려 주는 것이기도 하다. 또한 중국의 혁명이 한국 문제를 해결하는 데 절호의 기회라는 뜻도 들어 있다. 끝으로 거기에 찬동하고 나설 '한국의 기관'이 없다는 사실을 아쉬워했다. 그가 비록 베이징에 거점을 마련한다고 나섰지만 아직 실체를 가진 '기관'을 만들 형편은 아니었고, 여러 곳에 거점을 만들고 이를 연계시키려고 노력한 것도 사실은 하나의 '기관'을 만들어 가는 과정이기도 했다. 하지만 중국 혁명을 지켜보면서 여기에 이름을 드러내고 돕거나 참가할 만큼 힘을 기르지 못한 형편이었다. 분명 중국 혁명의 성공은 한국 문제 해결에 도움이 될 터이지만 아무런 행위도 펼 수 없는 현실을 안타깝게 여기고만 있던 날들이었다.

04 신규식과 함께 신해혁명의 현장으로

조성환은 마음은 신해혁명의 현장으로 가 있었지만 여러 가지 형편 때문에 베이징을 벗어나기 힘들었다. 그래서 그는 허난성에서 학무學務를 도와달라고 부탁한 안창호에게 자신이 베이징을 비울 수 없어 한 해 뒤로 미루고 박경철朴景喆을 먼저 보낸다거나, 산둥성에서 군대 기르는 것을 도와달라고 하여 김병만金秉萬을 보내 사정을 알아보라고 일렀다는 사실을 알리면서, "더 이상 희망 없는 북경을 지키고 있을 필요가 없고, 북경만 지키고 있으면 각지의 유력 인사와 연락은 실패할 것이며, 여러 지사의 동정을 얻어야 뒷날 우리 일에 도움을 줄 것"이라고 밝혔다. 또 그는 "중국의 혁명은 우리의 첫 걸음이니, 나의 한 몸이나마 이 나라에 헌신하는 것이 사리에 적당하니 허락하여 주시오. 통신기관은 손정도 목사가 있으니 낭패 없을 것입니다."라고 말했다. 이런 사실은 그의 마음은 이미 베이징을 떠나 혁명의 현장으로 가고 있었음을 말해 준다.

그러던 차에 무관학교 동기생인 신규식이 조카 신형호를 데리고 베이징으로 조성환을 찾아왔다. 신규식은 충북 청원 출신으로 관립한어학

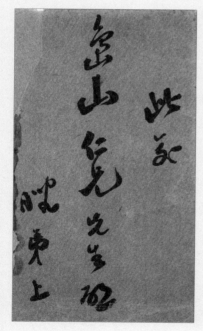

신규식이 안창호에게 보낸 엽서와 봉투
조성환과 함께 찍은 사진이 담겼다.

교를 거쳐 육군무관학교를 졸업하여 참위가 되었으나, 1905년 외교권을 잃게 되자 '을사오적' 응징에 나섰다. 그러나 뜻을 이루지 못하자 독을 마시고 자살을 시도하였는데, 가족들이 이 사실을 알아채고 살려내었다. 이때 독 기운에 시신경을 다쳐 한쪽 눈을 잃게 되었는데, 그렇게 다친 눈이 남을 흘겨보는 형태가 되었으므로, 그는 호를 흘겨본다는 뜻을 가진 '예관睨觀'이라 지었다. 그는 학교를 세워 인재를 길러내고 퇴역 장교를 모아 황성광업주식회사를 세워 민족자본을 축적하려고 노력했고, 무너지는 나라를 지켜내려면 민족을 하나로 묶는 민족종교가 필요하다고 판단하여 대종교에 들기도 했다. 그러다가 나라가 무너지자 다시 한 번 자결할 생각을 굳히다가 신해혁명 소식을 듣고 망명길을 선택하였다. 신해혁명 소식은 그에게 불꽃과도 같은 것이었다.

마주 앉은 두 사람은 한순간에 같은 배를 탄 동지가 되었다. 조성환은 베이징의 정황과 신해혁명의 진행 상황을 간추려 이야기했을 것이고, 신규식은 한시라도 급히 현장으로 달려가 혁명에 참가하자고 말했을 것이다. 그렇지 않아도 조성환의 마음은 이미 현장에 가 있었던 터였으니 더 미룰 필요가 없었다.

조성환은 베이징을 떠나면서 그런 정황을 안창호에게 알렸다. 앞서 편지에도 말했듯이 베이징에 그냥 있어서는 곳곳의 유력한 인사들과 연계할 수가 없는 형편이었다. 그는 '내일' 출발할 예정이라고 썼다. 그날이 1911년 10월 21일(양력 12월 11일)이니, 혁명이 막바지에 다다른 무렵이다. 그는 조바심이 났다. 혁명에 참가하기를 원하면서 만약 강화가 이루어지면 신규식이 가져온 돈이 있으니 단 천 원이라도 혁명에 보조

안창호에게 보낸 사진(왼쪽부터 신규식·신형호·조성환)

하려 한다고 밝혔다.

한편 조성환은 신규식을 따라온 장조카 신형호를 안창호에게 부탁한다고 썼다. 그가 미주로 유학하길 원하여, 상하이를 거쳐 하얼빈으로 보내 이갑李甲의 지도를 받아 샌프란시스코로 보낼 터인데, 가는 여비는 준비되나 학비가 걱정이라는 말을 덧붙였다. 이는 곧 안창호에게 뒤를 부탁한다는 뜻이었다. 그러면서 신규식이 보내는 엽서와 신규식·신형호·조성환 세 사람이 찍은 사진을 함께 넣어 보냈다.

조성환과 신규식이 상하이를 거쳐 난징에 도착한 때는 신해혁명이 끝날 무렵인 1912년 1월(양력)이었다. 이들은 그곳에서 역사의 거대한 변화를 지켜보았다. 눈앞에서 중국의 거대한 판이 뒤집히고 있었다. 그들은 만주족을 밀어내면서 한족漢族이 주인으로 자리를 되찾고, 수천 년을 이어온 전제정을 끝장내고 공화정을 일구어내는 혁명의 현장을 지켜본 것이었다. '만주족'이 장악한 '제국帝國'이 아니라, '한족漢族'이 주인이 되는 '민국民國'이 선언되는 현장이었다. 이는 두 사람을 흥분시키기에 충분했다.

> 4천 년 제국의 부패와 전제를 타파하고 공화정체 건설하되, 적은 유혈로 4개월 만에 전공全功을 거두니, 빛나고 빠르고 순順하고 원만한 성공은 동서고금에 없던 것입니다.
>
> – 1912년 1월 3일(양력 2월 20일)

안창호에게 보낸 이 글은 조성환이나 신규식이 어떤 마음을 가졌는지 생생하게 보여 준다. 혁명의 현장에서 가슴 뛰던 두 사람의 얼굴이 선하게 그려진다.

중국 혁명에 대해 조성환은 그것이 한국 문제 해결에 직결된다고 보았다. 그가 안창호에게 보낸 1911년 12월 15일자(양력 1912년 2월 2일) 편지를 보면 그의 뜻이 생생하게 느껴진다.

> 직예·산동·산서·하남 4성省 외에 14성은 이미 공화국共和國을 조직하여 손문씨孫文氏가 임시대총통에 피선되고 범백사凡百事가 날로 진취進就하오니, 차此 부단不但 중국행복中國幸福이라 급及 아주亞洲의 행복이요 급及 아

국我國의 행복이라.

그는 중국 혁명의 성공이 아시아주의 행복이자 한국의 행복이라고 밝혔다. 또한 1912년 음력 1월 3일자(양력 2월 20일) 편지에도 "이는 아시아의 자유 복락이요, 우리 민족에 더욱 밀접한 관계와 영향이 있습니다. 이번 중화민국 성공은 유지자사경성有志者事竟成이니, 우리도 중화인의 유지사성有志事成을 증거로 삼아 용진합시다."라고 하였다.

이와 비슷한 글이 다음에도 이어졌다. 1912년 음력 1월에 쓴 9호 편지에도 5,000년 전제정치를 타파한 일은 6대주에 빛나는 일이며, 소수의 유혈로 4개월 만에 공화정치를 성공시킨 것은 아시아 역사의 광영이자 자유를 제창한 것이고, 중화의 성공은 반도강산에 혁명 사상을 환기시키는 것이라 규정하였다. 그러면서 "우리도 용진만 한다면 악마(일제 – 필자 주)를 멸망시키고 일월중명日月重名(광복 – 필자 주)할 날이 멀지 않을 것을 확신한다. 우리 민족은 언제 성공을 노래할까"라고 표현한 것이다. 이러한 글은 그가 신해혁명을 중국사나 아시아사를 넘어 세계사 차원에서 높이 평가하고 있었음을 알려 준다.

조성환은 신규식과 상하이에 2주일 동안 머물고 난징으로 갔다. 조성환은 그곳에서 중요 인물 두어 사람을 만났다고 적었다. '특별한 두어 사람'이 구체적으로 누구인지는 확인되지 않지만, 일제는 이들이 쑨원·쑹자오런宋教仁·진유룽陳猶龍 등으로 판단하고 있었다. 오고간 편지를 보면 여기에는 황싱黃興도 포함되었던 듯하다.

이들의 만남에는 신해혁명에 참가하여 쑨원의 측근에서 활약하고 있던 한국인이 있었다는 사실이 최근에 밝혀졌다. 그 주인공은 김복金復이라는 이름으로 활약한 김규흥金圭興이었다. 김규흥은 당초 광무황제(고종)의 비자금을 관리하기 위해 상하이로 갔다가 목적을 달성하지 못하고, 길을 찾다가 신해혁명에 뛰어들어 공을 세워 쑨원의 측근 요직에 들어갔다. 혁명을 진행하면서도 그의 머리에는 민족독립이라는 목표를 두고 있었다. 그러던 차에 신규식 일행의 방문을 받고 중국 요인들과의 면담을 주선했다는 것이다. 김규흥은 얼마 뒤에 박은식에게 자금을 주어 잡지를 발행하여 독립운동을 알렸다. 그는 또한 1920년대에 들어서는 북만주에 토지를 구해 독립군 기지를 건설하려고 애를 쓰게 된다.

조성환과 신규식이 처음 중국 혁명 인사들을 만났을 때 그 혁명에 참가하고 싶다거나 이를 바탕으로 한국 문제를 해결하려는 계획을 말했을 것 같다. 그런데 중국 인사들의 반응은 고마움을 표하면서도 선뜻 함께 나아갈 수 없는 한계를 갖고 있었다. 두 사람을 만난 중국 지도자들의 반응이 엇갈리게 전해지는 것도 그러한 상황에서 비롯된 것이다. 조성환은 1912년 음력 1월 혁명 지도자들에게 "남경을 찾은 뜻을 밝히니 무한히 환영 감사를 표하며 형제처럼 환대하지만 저의 목적한 바는 어려움이 있다하여 강구치 아니하고"라고 표현했다. 그런데 일제 기록인 1916년 9월 11일자 「재지나在支那 조선인음모사건에 관한 건」 1에는 이들이 한인 대표자라 말하고 쑨원을 만나 장래에 한국을 회복하는 데 도와달라고 부탁했더니, 쑹자오런에게서 돕겠다는 회답을 얻었다고 적혀 있다.

그런데 황싱黃興이 보내온 답장에는 "중국 혁명을 도와 동아시아 자유 행복을 공유하자"는 내용이 담겼다. 이를 도울 수 있는 방법으로 첫째 군비, 둘째 전투, 셋째 정탐암살이었다. 이를 받아든 조성환은 이 모든 것에 역부족이라고 한탄했다. "한 개 소대라도 조직하여 열혈을 뿌리면 좋겠다."는 그의 표현은 중국혁명에 기여할 구체적인 방법과 아쉬움을 고스란히 드러냈다.

한편 자신이 쉽게 나설 수도 없다는 현실 문제가 그의 마음을 옥죄고 있었다. 아직은 혁명세력이 온전하지 않기 때문에 단체나 민족의 차원에서는 중립을 지켜야 할 때라는 것이다. 혁명군과 각 성이 하나로 통일되지 않은 형편이라, 한국의 독립운동가들이 행동으로 나아가더라도 어디까지나 개인 차원으로만 가능한 상황이었다. 이런 현장을 둘러보던 두 사람은 앞으로 혁명군 민군이 완전히 성립되고 각 성이 서로 호응한다면 청국은 무너질 것이라 예견했다.

이런 분위기에서 조성환과 신규식은 한정된 범위 안에서 혁명에 기여하는 길을 찾았다. 하나는 신규식이 가져온 여비 가운데 남은 수백 원을 혁명인사들에게 주어 군비에 충용하도록 했다. 일제 정보인 「조선인 배일운동 기획 상황에 관한 건」(1914년 7월 15일자)에는 이 금액이 200원이라 적고 있다. 또한 두 사람은 혁명과 관련된 기관인 자유당과 공화헌정회共和憲政會에 가입하였다. 그 조직이 마침 자유당에서 준비하던 『민권보民權報』 창간에도 관여해 이들도 참여했다. 뒷날 신규식이 대한민국 임시정부의 국무총리 자격으로 손문을 방문하고 외교를 펼칠 수 있던 바탕에는 이러한 활동이 깔려 있었다.

조성환과 신규식은 상하이와 난징에 독립운동을 펼칠 수 있는 교두보를 만드는 작업에 착수하였다. 먼저 체화동락회棣華同樂會라는 이름으로 몇 명이 조직을 만들고, 박달학원博達學院을 열었다. 여기에 유학생들을 모아 중국어를 가르치고 역사를 익히게 했다. 조성환은 중국어를 가르쳤다. 그러다가 신규식은 상하이와 난징을 책임지고, 조성환은 본래 활동 근거지이자 통신기관을 둔 베이징으로 돌아갔다. 하지만 완전히 발을 뺀 것이 아니라 신규식과 긴밀하게 연계하면서 상하이 근거지를 만드는 데 힘을 보탰다. 그러한 결실이 1912년 7월 4일 상하이에서 조직된 동제사同濟社였다.

　동제사는 상하이에 문을 연 최초의 한인 독립운동 조직이었다. 이 무렵에 상하이와 난징지역을 들르는 한국인들은 이곳을 근거로 삼아 서서히 틀을 잡아가기 시작했다. 조성환·신정식·조소앙·신채호·박은식·홍명희·문일평·이복원·유동열 등이 대표적인 인물이었다.

국내로 끌려와 유배를 떠나다 05

조성환이 베이징으로 돌아온 얼마 뒤 그의 발목을 잡는 사건이 터졌다. 8월 7일 조성환은 백영엽白永燁·이용근李容根·김영극金永極 세 사람과 함께 베이징에서 일본 경찰에 붙잡히고 말았다. 이들은 이튿날 톈진天津주재 일본영사관으로 끌려갔다. 그러한 소식은 조성환의 보호 아래 학업을 이어가던 여학생 유영준이 안창호에게 급히 알린 편지에서 확인된다. 조성환은 일제에 붙잡혀 있으면서도 유영준에게 쪽지를 보내 "박기정朴箕貞을 상해로 보내고 한 두 학생은 북경에서, 유영준도 이곳에서 공부하라"고 일렀다. 유영준은 톈진에서 오중환이 병석에서 붙잡혔다면서, "동포 가운데 유명한 이는 모두 그물질하는 모양"이라고 적었다.

여기에서 유영준이 쓴 1912년 8월 10일자 편지의 한 구절이 눈길을 끈다. "국내 아내에게 서신을 보내 북경의 가사를 정리하여 가라고 전해라"는 내용이 그것이다. 이 내용은 1912년 8월 당시 아내 조순구가 국내에 있었다는 말이다. 이 무렵에 찍은 것으로 보이는 사진 두 장이 전해지고 있는데, 이 사진을 통해 두 사람이 함께 베이징에서 지낸 것을

조성환과 부인 조순구

알 수 있다.

사진 한 장은 분위기로 보아 중국 베이징에서 찍은 것으로 짐작되었다. 사진 속의 조성환은 완전히 중국인 모습이다. 머리카락을 짧게 깎고 전통적인 소모를 쓰고, 창파오長袍 위에 마구어馬褂(중국식 마고자)를 입었다. 만주족 청나라가 중국을 장악한 뒤에 만들어진 전형적인 중국인 옷이었다. 조성환은 이름도 중국식으로 쓰고 국적도 획득했고 중국인 옷을 입고 앉았으니, 베이징에 터를 잡고 활약하는 한국계 중국인의 전형을 갖춘 셈이다.

이에 비해 아내는 한복을 입었는데, 아직 앳된 새색시였다. 사진은 아내가 베이징에 머물다가 귀국하기 전인 1910년 혹은 1911년 무렵에 사진관에서 촬영한 것으로 보인다. 촬영 시기는 1912년에 외동딸 조연경이 국내, 그것도 유배지에서 태어났다는 점으로 추측할 수 있다. 아마 아내가 베이징에서 함께 머물다가 아이를 낳기 위해 국내로 들어온 때 그가 붙잡힌 것으로 여겨진다. 그러므로 이 사진은 딸이 태어나기 이전의 것으로 보는 것이 맞을 것이다. 아내가 베이징에서 머물다가 출산하러 귀국한 뒤 조성환이 유배당하자 아내가 유배지로 가서 지내는 동안 첫 딸이 태어났다고 정리할 수 있다.

이보다 조금 뒤에 찍은 것으로 보이는 부부 사진도 있다. 여기에는 조성환이 모자를 벗고 짧게 깎은 머리에 전형적인 다섯 줄 매듭단추를 갖춘 마구어를 입은 모습이다. 수염을 기른 점이 이전 사진과 다르다. 그리고 아내도 이번에는 중국 마구어를 갖추어 입고 귀걸이를 달았다. 망명생활 중이지만 다정한 부부처럼 보였고, 누가 봐도 중국인으로 인

마구어를 갖춰 입은 조성환과 아내 조순구

정할 만한 모습이었다.

조성환이 붙잡힌 이유는 가츠라桂太郎 일본수상의 러시아 방문에 암살을 계획하였다는 혐의였다. 『매일신보』 1912년 8월 15일자 기사에 "이달 일본정부 총리대신 계태랑桂太郎의 방로訪露를 계기로 대련에서 암살을 기도한 손정도·조성환 등이 체포되다."라고 보도되었다. 이로 말미암아 베이징에서는 그를 비롯하여 4명이, 하얼빈에서는 18명이 붙잡혔다. 구체적인 혐의가 확인되지 않았지만 문제를 만들어 올가미를 씌우려는 것이었다. 이미 '105인 사건'에서 그러한 사례를 볼 수 있었으니, 베이징과 하얼빈을 연결하는 독립운동가들의 발을 묶으려는 처사였을 것이다.

조성환은 텐진주재 일본영사로부터 '퇴거처분 1년에 거주제한'이라는 처분을 받고 국내로 잡혀 왔다. 조성환에게 씌워진 혐의는 '암살모의 죄'였다. 이로 말미암아 그는 유형流刑을 선고받고 '원도遠島'에 거주 제한이라는 조치를 당했다. 1912년 10월 15일 조성환을 비롯한 19명은 목포에서 일본 경비선을 타고 유배지로 향했다. 이때 조성환은 진도로 갔고, 하얼빈에서 붙잡힌 정대호를 비롯한 15명은 같은 날 울릉도로 유배되었다. 조성환이 진도로 유배 갔다는 사실은 『권업신문』에 비교적 자세하게 소개되었다. 그런데 손녀 조은옥(1938년생)은 할머니 조순구로부터 '고모(조연경)가 1902년에 거제도 유배지에서 태어났다'는 이야기를 듣고 자랐다고 기억한다. 그 기억을 보충하는 회고 내용이 자세하고 앞뒤가 맞아서 설득력이 있다. 그렇다면 진도 유배설은 원격지에서 발행된 신문 기사의 오류일 수도 있고, 아니면 유배지가 거제도로 바뀐 것일 수도 있겠다. 1902년 무관학교에서 동맹 자퇴 투쟁을 벌이다가 유배를 당한 일이 있은 지 10년 만에 다시 유배길에 오른 것이다. 지난날의 유배는 조국 법에 따른 형벌이었지만, 이번에는 일제라는 외세에 끌려간 것이었다.

06 「대동단결선언」과 「대한독립선언」

조성환이 섬에 갇혀 1년 남짓 유배 생활을 하다가 풀려난 때는 1913년 말에서 1914년 초라고 추측된다. 그리고 다시 망명길에 올라 베이징에 얼굴을 드러낸 때는 1915년 3월이었다. 일제가 베이징에서 그의 움직임을 확인한 시점이 1915년 봄으로, 일제 정보보고서인 『재북경요시찰 조선인명』, 「선인비밀단 만하회挽河會에 관한 건」(1916년 2월 8일)에는 조성환이 이 무렵에 베이징 시내 서성西城 쪽에 살면서 생활 사정이 무척 어려웠다고 적었다.

그가 베이징으로 다시 망명길에 오른 때는 제1차 세계대전이 한창 진행되던 시기였다. 나라 밖으로 망명해서 활동을 펼치던 독립운동가들에게는 전쟁 가운데서도 일본이 참전하는 전쟁은 곧 한국이 독립할 수 있는 기회라고 생각하였다. 일본의 반대편에 참가하여 연합군을 편성하고 전쟁에 참가한다면, 일본이 패전할 때 자연스럽게 한국이 독립할 수 있다는 논리였다. 이러한 논리는 이미 만주로 망명하여 독립운동 기지를 세울 때부터 형성되어 있었다. 다만 아쉬운 점은 나라가 망한 지 4년 만에 제1차 세계대전이 터지는 바람에 독립군을 제대로 길러내지 못한 점이었다. 그렇지만 독립운동가들은 전쟁의 진행과정을 지켜보면서 적절한 활동 방향을 찾고 있었다.

1914년 8월 23일 일본이 독일에 선전포고를 하고 나섰다. 당시 일본은 독일이 산둥山東반도에서 갖고 있던 이권을 빼앗는 데 목표를 두고 전쟁을 선언한 뒤 바로 군대를 파견하였다. 이에 대해 중국은 독일과 동맹관계를 맺어 일본의 야욕에 맞서면서 중일관계는 급격히 악화되었다. 이처럼 중국이 일본에 맞서자, 한국 독립운동가들은 이보다 더 좋은 기회가 없다고 여겼다. 중국에서 활약하던 한국 독립운동가들은 독립을 이룰 수 있는 '기회'로 판단하고, 항일투쟁을 펼칠 신한혁명당을 조직하고 나섰다. 이들은 중국과 독일의 동맹관계에 힘을 보탤 방법을 찾기 시작했고, 그것이 신한혁명당 결성의 계기가 되었다.

신한혁명당이 결성된 때는 1915년 3월로 추정된다. 이때는 조성환이 유배에서 풀려난 뒤 다시 베이징으로 망명한 무렵이었다. 그는 베이징에 도착하자마자 한창 진행되고 있던 신한혁명당 결성 작업이나 결성 직후 확대 과정에 참가한 것으로 판단된다.

신한혁명당 결성을 주도했던 인물은 동제사의 지도자인 신규식·박은식·이상설 등이다. 또 여기에 주축을 이루었던 인물은 조성환(칭다오)을 비롯하여 유동열(연해주)·유홍렬劉鴻烈(국내)·성낙형成樂馨(베이징)·이춘일李春日 등이었다. 만국평화회의에 밀사로 파견된 경력이 있던 이상설李相卨(당시 46세)이 당 본부장을 맡았다. 그리고 박은식은 감독이 되었는데, 이것은 그의 명성과 상하이 지역이 갖고 있던 정치적 위상이 고려된 것으로 보인다. 중국 곳곳에 신한혁명당 지부가 세워졌다. 베이징과 상하이는 말할 것도 없고, 한커우漢口·펑톈奉天·창춘長春·안둥安東·옌지延吉 등과 국내 서울을 비롯한 원산·평양·회령·나남 등에도 지부가 만들어지거나 조직이 시도되었다. 일제는 조성환의 활동 영역으로 칭다오를 지목하였다. 이 정보가 맞다면 조성환은 베이징을 근거지로 삼고 남으로 상하이, 동으로 연해주에 걸쳐 움직이던 그가 이 무렵에는 독일의 핵심 근거지인 산둥반도에 모습을 드러냈다는 것으로 이해할 수 있다.

신한혁명당에 참가한 인물들은 모두 1910년 무렵부터 나라 밖으로 망명하여 독립운동에 전념하고 있어서 공통적인 생각을 가지고 있었다. '유럽 전쟁이 곧 독일의 승리로 끝날 것이며, 종전 후 독일은 반드시 연합국의 일원으로 중국을 공격했던 일본을 중국과 연합하여 공격하게 될 것이니, 한국 독립의 시기가 이르렀다. 그러므로 우리는 독일과 중국에 대해 지금부터 연락을 준비할 필요가 있다.'라는 견해이다.

신한혁명당은 제1차 세계대전이 독일의 승리로 끝날 것이라고 내다보면서, 전쟁이 끝나는 대로 한국·중국·독일 연합방식으로 일본을 응징하자는 계획을 세웠다. 그들은 구체적인 작업으로 군자금과 군기를 준비하기 위해 독일 정부의 승인 아래 중국정부(베이징)와 「한중의방조약韓中誼邦條約」이란 밀약을 체결하고자 했다. 무엇보다 먼저 교섭할 '교제기관'이 급하게 필요했다. 논의하던 끝에 이들은 대한제국의 망명정부를 추진했다. 덕수궁에 유폐되어 있던 광무황제(고종)를 망명시켜 망명정부를 수립하고, 이를 중심으로 독립을 구현하려는 것이 핵심 내용이었다. 우선 조약 체결 권한을 광무황제로부터 위임받는 일을 외교부장 성낙형이 맡았다.

성낙형은 경기도 파주 출신인데 1908년 무렵 만주로 망명하여 교육 운동을 벌이다가 1913년 7월 2차 신해혁명 때에는 위안스카이 정권과 유대를 다지고 있었다. 그는 임무를 띠고 국내로 파견되었다. 하지만 신한혁명당의 활동은 곧 중단되고 말았다. 1915년 7월 국내로 파견되었던 성낙형이 일제에 검거되고 전쟁의 흐름도 예상과는 달리 희망하던 중일전쟁의 가능성이 사라져 버렸기 때문이다.

신한혁명당 활동이 마무리 된 1915년 그해 겨울, 조성환은 안창호에게 다시 편지를 보냈다. 여름과 가을에 걸쳐 '주소가 불완전하여' 편지를 보내지 못했다는 말로 시작한 대목에서 그가 신한혁명당 활동기 동안 줄곧 옮겨 다녔다는 상황을 짐작하게 한다. 그는 편지에 만주와 러시아 지역마저 '제2의 반도'가 되었다고 한탄하는 내용을 담았다. 나라를 잃고 망명한 사람들이 만주와 연해주 일대가 일제의 침략을 받아 한반도와 마찬가지가 되어 간다는 뜻이었다. 마침 양기탁이 베이징에 도착했지만 일제 경찰이 뒤를 밟는 바람에 활동하기 힘들어 상하이로 옮겨갈 것이라는 내용도 담겨 있었다.

이어 그는 1916년 초에 허난성으로 간 것으로 보인다. 아마도 앞서 허난성에서 군사력 양성을 도와달라고 부탁받은 일이 있었기 때문으로 짐작된다. 그리고 다시 베이징에 모습을 드러낸 것이 그해 9월 하순이었다. 그는 일정한 주소 없이 전문외前門外 동주시구東珠市口 중국인 집에 머물고 있었다.

1917년에 독립운동사에 중요한 선언이 나왔다. 바로 그해 7월에 발

「대동단결선언」 표지

大同團結宣言

大同團結의宣言

大合則立分則倒난天道의原理오分久欲合은人情의伴呂라橫念하건

대久로난三百年儒者의靈論이李朝의滅亡한史의太宇를占하얏고近에

至하야난三道志士의壇閣이薪膽하난도다如知한

三分五裂의悲劇을目睹하고分門立戶의苦痛을備嘗한吾人은慄律한

依하야人合同을要求함이自然의義務에據하야總團結을十

張함이當然의權利로다非但吾人의一論이如是라一般同胞의誓이오

時代의命이니滿天下傷心志士예誰가獨히同感치안으리오

그러나總團結의問題난由來가久矣라唱하며耳一話하고言함하며歯一

酸하도다人皆日合同合同하야도及其行에關하야난或力不及或勢

를嫁하며或地不便에責을歸하며或競爭無害로題를轍하야左托右憑

大同團結宣言

大同團結宣言

七右實行方法을旣成한各團體의代表와德望이有한個人의合議로決

定할것

檀帝紀元四千二百五十年七月　日

申檥	趙鏞殷	申獻民
朴容萬	韓震	洪煒
朴殷植	申采浩	尹世復
曹煜	朴基駿	申斌
金成	李逸	

大同團結宣言

十一

발의자 명단에 조욱(조성환)이 보인다.　　「대동단결선언」 본문 첫 페이지

표된 「대동단결선언大同團結宣言」이다. 표지에는 「선언宣言」이라 적고 내용에서 '대동단결의 선언'이라 이름 붙였다. 언뜻 보기에는 독립운동 세력의 단결을 주장하는 것 같지만, 실제로는 정치적으로 중요한 내용을 담았다. 1910년 나라를 잃은 뒤의 주권 문제와 계승, 정통성, 그리고 이를 이어갈 체제의 선택 등 역사적으로 그 의미가 매우 컸다.

이 선언을 발의한 사람은 조성환을 포함하여 14명이었다. 모두 망명하여 독립운동에 온 힘을 쏟고 있던 인물들인데, 앞서 동제사와 신한혁명당을 비롯한 독립운동 조직에 등장했던 주역들이었다. 선언서 끝에 적힌 이들의 명단은 다음과 같다.

신정申檉(규식圭植)·조용은趙鏞殷(소앙素昻)·신헌민申獻民(석우錫雨)·박용만朴容萬·한진韓震(진교鎭敎)·홍위洪煒(명희命熹)·박은식朴殷植·신채호申采浩·윤세복尹世復·조욱曺煜(성환成煥)·박기준朴基駿·신빈申斌·김성金成(규식奎植)·이일李逸(청혁靑爀)

맨 앞에 있는 신규식은 줄곧 상하이에 터를 잡고 독립운동의 교두보를 다져간 인물이다. 그의 손으로 첫 독립운동 조직인 동제사가 만들어지고, 거기에 참가했던 인물로서 선언에 서명한 인물이 8명(신규식·조소앙·신석우·홍명희·박은식·신채호·조성환·김규식)이나 되었다.

「선언」은 무엇보다 먼저 독립운동가들이 국권을 계승한다고 밝혔다. "광무황제가 국권을 포기한 날은 우리 동지가 국권을 계승한 날이요, 우리는 완전한 상속자"라고 주장한 것이 핵심이다. 대한제국이 무너지

는 그 순간 일제가 주권을 갖는 것이 아니라 '우리 동지', 곧 독립운동
가들이 주권을 계승한다는 말이다. 이 말은 "우리 동지는 당연히 삼보三
寶를 계승하야 통치할 특권이 있고 또 대통大統을 상속할 의무가 유하도
다."라는 글과 "4천 년의 주권은 우리 동지가 상속하였고 상속하난 중
이요, 상속할 터이니, 우리 동지난 차에 대하야 불가분의 무한책임이 중
대하도다."라는 대목에서 거듭 강조되었다.

둘째, 민권시대가 왔음을 선언하였다. "제권帝權이 소멸한 것은 민권
民權이 발생한 것, 구한舊韓의 마지막은 신한新韓의 시작, 한인 사이의 주
권 전수傳受는 불문법의 국헌國憲"이라고 못을 박았다. 전제정치가 끝나
고 민주정 시대가 왔고, 그래서 옛날 대한이 아니라 새로운 대한이 시작
되었음을 밝혔다. 황제가 주권을 가졌던 구한舊韓이 끝나던 그날은 민주
정체를 가진 신한新韓이 시작되는 날이라고 밝혔으니, 이는 사실상 시민
혁명에 해당한다.

셋째, 이러한 바탕 위에 이제 국가를 상속하여 그 뜻을 선포하고 무
상법인無上法人을 만들자고 선언했다. 국가를 상속하여 국가적 차원의 활
동을 표방하고, 이를 운영할 최고 법인체를 만들자는 것이 그 핵심이다.

이 선언은 끄트머리에 '제의提議의 강령綱領'이란 이름으로 다음과 같
은 7개항을 제시하였다.

제의의 강령
- 해외각지에 현존한 단체의 대소은현大小隱顯을 막론하고 규합통일하야
  유일무이의 최고기관을 조직할 것

- 중앙 총본부를 상당한 지점에 치置하야 일체 한족韓族을 통치하며 각 지 지부로 관할구역을 명정明定할 것
- 대헌大憲을 제정하야 민정에 슙한 법치를 실행할 것
- 독립평등의 성권聖權을 주장하야 동화의 마력과 자치의 열근劣根을 방 제防除할 것
- 국정國情을 세계에 공개하야 국민외교를 실행할 것
- 영구히 통일적 유기체의 존립을 공고키 위하야 동지자 간의 애정을 수양할 것
- 우 실행방법은 기성旣成한 각 단체의 대표와 덕망이 유有한 개인의 회 의로 결정할 것

7개항 내용은 모든 단체를 통일하여 오로지 하나뿐인 최고기관을 만들 것, 중앙총부 아래 지부를 만들어 관할구역을 정할 것, 대헌大憲, 곧 헌법을 제정하여 법치를 실행할 것, 독립평등의 성스러운 권리를 주장하고 일제의 동화·자치의 뿌리를 잘라낼 것, 국정을 세계에 알려 국민외교를 실행할 것 등이 그 핵심이다.

줄여서 말하면, 황제가 주권을 포기하던 날, 그 주권을 독립운동가들이 계승했다고 천명한 것이다. 또 황제가 주권을 가지던 대한제국이 소멸되고, 독립운동가들이 세울 나라는 민民이 주권을 갖는 민주국가가 된다는 방향을 설정했다. 그러면서 이들은 민족대회를 열어 정부조직체를 만들자고 제의한 것이다. 이들은 2년 앞서 신한혁명당을 만들 그때 황제를 망명시켜 외교활동의 앞머리에 세우려 했다. 그것은 산둥반도를

희외한인대동단결선언셔

......대쇼은현을막론하고규합통一을목덕......

◆희외시샤十四인이련명발긔◆

일작 샹히로브터북미총회에 딜한「대동단결의선언셔」를 밧아보니그선언셔는샹히ㆍ미쥬(리이룬)ㆍ하와이(박용만)에지류하난지샤十四인의발긔한것인데그 추지셔의요령은 각디희존한 단톄의크고적고숨어잇고들어난챠를막론하고통一하야 유一무二의가쟝놉흔긔관을조직 할것을 대챵히얏더라 북미총회당리대뒤쎄는말하기를「희외한인의대동단결은우리가맛당히 힘써 찬성 할일이라 그러나지판자과견에 닐으러셔는국민회의최고긔관 동암총회가잇난터에디방총회는능히천편할권한이업슬것이라」하더라

▲대의의강령

이선언서의원문을보히기전에 만져 전언셔끗헤첨부한대의의강령을들어거록하난것은독자의민감을제촉합이라그대의전부는자와갓흐니

一 희외각디의현존한단톄의크고젹고숨어잇고들어난자를막론하고규합통一하야유一무二의가장놉흔긔관을조직할것

二 즁앙총본부를상당한디뎜에두고一톄한족을통치하며각지부로관할구역을밝혀뎡할것

三 대헌쟝을제뎡하야민정에합한법치를실힝할것

四 독립평동의신셩한권리를쥬댱하야동화의마력과자티의용렬한사리를씻아바릴것

五 나라의뇌정을들어나여국민외교를실힝할것

六 영구히통一뎍유긔톄의존립을공고키위하야동지쟈간에의졍을슈양할것

七 이샹의실힝한방법은긔셩한각단톄의디표와덕망이잇난기인의회의로결뎡할것

▲선언셔요령

선언셔의전문은十二폐지의대문쟝이라이를다긔지할슈입슴으로그요령을츄어기록하건데이하와갓흐니「동셔졍형을빗최워보건데대一차의통一한긔관은데二차통一국가의근원이되고데二차에국가뎍으로쉚여놋난제도는나죵된만한국가전신이라긔회의심리가공평하야쥰비자와소원을어긔지안으리니오날우리는압내가로누어잇난힝복운명의겨룰이무엇을기다리나뇨? 각에셔一각으로우리의유긔뎍통一을기다리난도다(동략)이로써못사람의식은피가다시용소슴을하고깁흔잠이번슈젹셔여활긔를쇄고복음을기다리니이셰를당하야이국셩과무리를합하난원이피차一반이니엇지션후우렬이그사이에잇스리오만은후자즁을됴방하며후구칙을도라보며후겸덕을숭샹하며후一부분을각ᄒ쇄합으로넌미공식뎍선언으로공즁에디한졍원을서로니지바리고말앗도다차호라. 우리가오날에닐으러四방에흘녀닷난됴슈에밀녀一편단심이격발함으로더참을슈가업시이에쥬권상쇽의대의와대동단결의문뎨를불고나와만져각계의명달한제공의찬동을구하며니어一반국민의경셩을저축하며그것으로세계의공론을불너닐오키고져하오니一치단결은신한국의광명이오셩명이오진리라이를셔나면우리의전도의흑암이오허위요사망이니그런고로문합문데는곳즁음과잘음아갈니난길이오시비의비인말이안이라 우리의단결이하로를일즉되면신한의부활이하로가일즉되고우리의단결이하로를늣게되면신한의긴셜이하로가늣셰리니이는현금인졍에빗치우난지공무사한의론이라이럼으로만헌한동지제공압헤션포데의하노니하날이그방하심인뎌사람이그응할진뎐」하야섯더라

● 일홈을곤쳐시거든

밀히통긔하시오거록조안과통신샹에그롯되난일이만슴니다닐울러이면본국셔오난통신이동간에서죡싶되난슈가잇고또총회와신한샤사무처리샹에샹잡되난일이적지안슴니다그러하오니일홈을곤치시건던두어줄광고를하시고이것을원치안이하시거던사무소로밀히통긔하도하시오

○○○○○○○○○

● 신도학셩은모다기절

......려항권이업다고

본월十二일「베니슐라」션편에우리학셩五인의도미는본보전호에재제한바이미판리는려항권이업슴으로써전부의샹륙을거절한지라동학셩五인은와싱톤샹공부에청원서를데출하고소식을기다리난등이라더라

「해외한인대동단결선언서」(『신한민보』 1917년 9월 20일)

둘러싼 국제환경의 변화에 대처하기 위하여 일시적으로 선택한 전략에 지나지 않았고, 이들이 가진 근본적인 지향점은 민주국가이자 시민사회였다. 이 선언이 미주 대한인국민회 기관지인『신한민보』9월 20일자에 그대로 실렸고, 나라 밖에서 활동하던 독립운동가만이 아니라 동포사회에도 널리 알려졌다.

「선언」은 별도로 구체적인 다음 순서로 회의를 열자고 제안하면서 찬동통지서를 덧붙였다. 수신자를 명기하여 보내면서, 제의에 찬동하는 사람은 원하는 회의 장소와 시기를 정해서 답을 달라고 주문했다. 회의 장소는 러시아(블라디보스토크·우스리스크 등)·미국(하와이·샌프란시스코 등)·중국(동삼성·베이징·상하이 등)이 제시되고, 시기는 그해 말부터 이듬해인 1918년 상반기 사이에서 정해 달라고 제안하였다. 실제 얼마나 회신이 도착했는지 알 길이 없다. 회의 장소와 날짜 등도 정해지지 못한 것 같다. 추측하기로는 답을 기다리고 일정이 연기되던 가운데 마침 1918년 11월 제1차 세계대전이 끝나자, 이들의 자세도 급변한 것으로 보인다. 파리강화회의에 대표를 보내고 독립선언을 일구어내면서 상하이에서 임시사무소를 열고, 이를 중심으로 대한민국 임시의정원 회의가 열렸으니, 이는 사실상 「대동단결선언」을 통해 제안했던 대표 회의가 결실을 본 셈이다. 더구나 선언에서 제기했던 '최고기관', '무상법인無上法人'인 국가와 정부, 의회도 만들어졌다.

조성환의 생각도 여기에서 벗어나지 않았다. 최고기관을 만들어야 한다거나, 이를 중심으로 외교활동을 펼쳐야 하고, 망명하여 활동하고 있는 독립운동가와 동포사회를 운영해야 한다는 주장이 안창호에게 보

安昌浩 閣下幷轉諸位同志均鑒敬啟者난 另呈한 鄰議一書난 諒蒙
垂察이건바 貴同意날 敬求하오며 敎示하심을 至望함

檀帝建紀四千二百五十年七月 日同人等上

再

一, 此呈宣言及提議에 對하야 贊否及高見을 表示할것
二, 贊同하난 時에 난會議의 地點及時期날 指定할것
三, 會議의 地點은 俄領(如해삼威소王領等地) 美領(如하와이상港等地) 中領
(如동삼省北間島等地) 各地中에서 指定할것
四, 會議時期난 急으로 本年內緩으로 明年上半期內로 擇定함이 何如
五, 會議地點及時期난 各界指定多數에 從하야 定함
六, 此呈宣言의 宗旨와 提議의 綱領을 同意하시면 左紙의 塡書하시와 本年
十月以內에 表記한 通信處로 投下하심을 要함

贊同通知書

一, 貴宣言과 提議날 贊同함
一, 會議의 地點은 地 로 定함이 可함
一, 會議의 時期난 年 月로 定함이 可함
一, 會議의 時期난 年 月 日

團體
個人

年 月 日 印

찬동통지서

낸 편지에서 거듭 확인되는 데서 이를 알 수 있다. 또 1918년 일제 정보 기록에도 "재학才學을 가진 한인청년 유지는 민주공화주의를 가지고 고국 회복을 기도하고 있다."면서, 그러한 수령자 명단 항목에 조성환을 포함시켰다.

「대동단결선언」이 발표되던 1917년을 지나면서 조성환은 베이징을 떠나 북만주와 연해주로 무대를 옮겼다. 만주와 연해주에서 독립군 양성이 가능한 배후 근거지를 마련한다는 목표를 갖고 옮긴 것이다. 여기서 지린성吉林省 당국과 교섭하여 밀약이 맺어졌다고 알려진다. 그 내용은 헤이룽장성黑龍江省 우윈현烏雲縣에 한인이 약 5,000호 정도가 경작할 토지를 얻어 살아갈 수 있도록 둔전병제를 펼친다는 계획이었다. 그러나 『대종교중광60년사』(대종교총본사. 1971)는 이 사업은 러시아 혁명의 영향으로 중단되었다고 기록하였다.

조성환은 다시 연해주로 무대를 옮겼다. 여기에는 두 가지 이유가 있었던 것으로 추측된다. 하나는 러시아 혁명의 물결이 독립군을 길러내고 독립운동을 펼칠 수 있는 새로운 기회가 되리라는 기대감 때문이었다. 다른 하나는 독일 세력의 동쪽 팽창과 일본의 시베리아 군대 파견이 맞물리면서 곧 독일·러시아와 일본 사이에 충돌이 일어나리라는 예상 때문이었다. 1918년 4월 조성환의 모습이 연해주에서 일제의 정보선상에 잡혔다. 일제 정보보고인 「노지령露支領 지방 배일선인의 상황」(1918년 4월 2일)에 따르면 이동휘·양기탁과 함께 조성환이 독일·러시아와 일본이 충돌할 것이라는 예상을 갖고 부지런히 활동하던 인물로 지목하면서, 생계회生計會라는 조직이 성립되었다고 기록하였다. 그런데 조성환은 이동녕·양기탁 등과 함께 머지않아 지린으로 돌아섰다. 이동휘의 정치노선과 맞지 않았던 것이 그 이유로 알려지고 있다. 일제 기록인 「재만 배일한인의 회유방법에 관한 건」(1918년 8월 7일)에 의하면 이후 조성환은 1918년 8월 지린성 류허현柳河縣에 머물고 있다고 하였다.

류허현은 1911년부터 삼원포三源浦를 기점으로 삼아 독립운동 기지가 착실하게 건설된 곳이었다. 경학사에 이어 부민단을 중심으로 동포사회를 형성하고, 신흥강습소를 신흥무관학교로 발전시키면서 양성된 독립군으로 백서농장이라는 비밀 병영을 꾸리고 있었다. 이를 바탕으로 1919년에 들어 한족회(민정)와 서로군정서(군정)를 만들어 남만주 동포

사회를 결속시키고 독립운동을 이끌어 나가기에 이르렀다.

조성환은 그곳에 머물고 있을 때, 제1차 세계대전 종전 소식을 듣고 앞으로의 길을 가늠하고 있었다. 1918년 11월 독일이 항복함에 따라 제1차 세계대전이 끝나고, 프랑스 파리에서 전쟁을 마무리 짓는 강화회의(평화회의)가 열리게 되었다. 나라 잃은 뒤 독립할 기회를 기다리던 독립운동가들은 이것을 기회로 삼을 수 있을지 저울질하면서 대응책을 찾았다. 파리에 대표를 보내 한국 문제를 다루게 만들려는 것이 눈앞의 목표였다. 상하이와 도쿄, 블라디보스토크, 워싱턴 등에서 활동하던 독립운동가들이 부지런히 움직였다. 그 가운데서도 신규식과 여운형이 활약하던 상하이가 가장 활발하고도 구체적인 움직임을 보였다. 1918년 11월 말에 파리강화회의에 대표를 파견할 계획을 세우고, 이를 구체적으로 실천에 옮기기 위해 여운형이 나서서 신한청년당을 조직하였다. 조성환의 동지인 신규식이 이를 돕고 있었다.

김규식이 파리강화회의에 대표로 파견되고, 도쿄에서 2월 8일 독립선언이 터져 나온 소식을 들으면서 서간도에 머물던 그도 흥분하지 않을 수 없었을 것이다. 마침내 국내로부터 전해진 3·1독립선언 소식은 나라 밖으로 망명하여 독립운동에 전념하던 지도자들을 흥분시키기 충분했다. 지린에서「대한독립선언서大韓獨立宣言書」가 발표된 것도 이런 분위기에서 나왔다. 정원택이 남긴『지산외유일지志山外遊日誌』에 따르면, 이 선언서는 3월 11일(음력 2월 10일)에 인쇄되어 발송되었다.

「대한독립선언서」는 국내에서 발표된 것과는 많이 달랐다. 먼저 제목만으로도 국내의 것은 '선언서'이지만, 이것은 '대한독립선언서'라고

「대한독립선언서」 명단에 조욱(조성환)의 이름이 보인다.

밝혀 대한이라는 국가 이름을 내걸고 '독립'이란 목적을 뚜렷하게 내세웠다. 그 내용은 1917년 가을에 발표된 「대동단결선언」을 그대로 이은 것이었다. 먼저 한국이 완전한 자주독립국이고 민주의 자립국이라는 것을 선언하고, '한일합병'은 일본이 한국을 사기와 강박 그리고 무력 등의 수단을 동원하여 강제로 병합한 것이므로 무효라고 주장하였다. 또 경술국치가 일본에게 대한제국을 넘겨준 것이 아니라 융희황제(순종)가 주권을 포기하면서 그것을 국민에게 넘겨준 것이라 해석하였다. 또 이

선언은 일본을 '응징할 적'으로 규정하고, '섬은 섬으로 돌아가고, 반도는 반도로 돌아오게 할 것'을 요구하였다. 그러면서 독립군의 총궐기와 한민족 전체의 육탄혈전을 촉구하고 나섰다. 항일 독립전쟁은 바로 하늘의 뜻이자 대동평화를 실현하기 위한 신성하고도 정의로운 전쟁임을 천명했다.

여기에 서명한 인물이 39명인데, 모두가 독립운동계를 대표하는 지도자들이었다. 이는 국내에서 발표된 선언서의 서명자가 독립운동계를 대표할 인물이라기보다는 합법적인 공간에서 활동하던 종교지도자라는 것과는 크게 달랐다. 39명 대표는 오로지 독립운동에만 전념하고 있던 최고 지도자로 구성되었다. '가나다 순으로' 적힌 명단에는 김교헌·김규식·김동삼·김약연·김좌진으로 시작하여 조소앙·여준·이동녕·이동휘·이범윤·이상룡·이승만·이시영·박용만·박은식·신규식·신채호·안창호·조욱(조성환)·허혁 등으로 이어졌다. 이를 통해 조성환을 비롯하여 모두가 독립운동을 이끌던 최고 지도자라는 사실을 알 수 있다.

3·1운동은 독립운동계에 대단한 충격을 주었다. 긴장과 흥분에 가득 찬 독립운동가들은 새로운 변화에 맞설 조직체를 만들기 시작했다. '준정부' 성격을 가진 조직도 곳곳에서 나타났다. 이미 1917년 「대동단결선언」에서 새로운 정부 수립을 주장하였고, 융희황제(순종)가 포기한 주권이 독립운동가의 손에 들어왔음을 선언한 터였다. 민족의 양심과 정통성을 확보한 독립운동가들은 국가를 되살리고 정부를 세우자는 것이 일반적인 인식으로 자리 잡아갔다. 이는 특정한 지역에서 나타난 견해가 아니라 독립운동가들이 가진 공통된 현상이었다. 독립국가를 세우

고 이를 이끌어갈 정부를 만드는 것이야말로 당연한 순서였다. 마침 국내에서 발표된 독립선언서가 '조선의 독립국임과 조선인의 자주민임'을 첫 머리에 선언하고 나왔으므로, 국가와 정부 수립은 모든 지역에서 관심을 갖고 추진되는 과제가 되었다. 게다가 상하이에서 국가와 정부를 세운다는 소식이 전해졌다. 남만주에서 활약하던 인물들도 상하이로 향하고, 여러 단체들도 대표를 그곳으로 보냈다. 조성환도 상하이로 향했다.

07 대한민국 임시정부 수립에 핵심 인물로

상하이로 향한 독립운동가들의 발걸음은 빨라졌다. 3월 하순에는 만주와 연해주에서 조성환을 비롯하여 이동녕·이시영·조완구·김동삼·조소앙 등이 도착하였다. 국내와 일본, 미주에서도 대표자들이 속속 상하이로 몰려들었다. 신한청년당이 만들어 둔 (독립)임시사무소에 모인 인사들은 사후 대책을 마련하는 데 머리를 모았다. 국내로 대표를 보내기도 하고, 국내에서 여러 계통의 대표들이 한자리에 모여 나라 안팎에서 발표되던 독립선언과 만세운동의 뜻을 하나로 모아 나갔다. 이는 곧 앞서 발표된 「대동단결선언」을 현실적으로 마무리하는 것이기도 했다.

　조성환이 상하이에 도착한 때는 3월 중순이나 말경으로 추측된다. 뒷날 여운형이 일제 경찰에 붙잡혀 국내로 들어와 재판과정(「여운형 예심결정서」, 『중외일보』 1930년 3월 13일)에서 밝힌 내용을 보면, 1919년 4월 1일 무렵 프랑스조계 허페이루霞飛路에 있던 어느 외국인 소유 집을 빌려 회합을 열 때, 참석한 10명 남짓한 인물들을 열거하면서 윤현진·현순·신익희·최창식·이시영·이동녕 다음으로 조성환의 이름을 말했고, 신

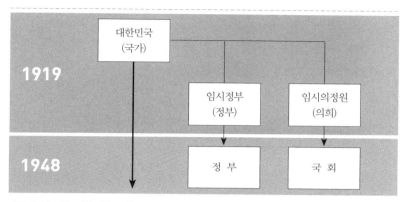

1919	대한민국 (국가)		
		임시정부 (정부)	임시의정원 (의희)
1948		정 부	국 회

대한민국과 정부·의회 계승 ; 대한민국은 1919년 세워지고 1948년 계승되었다.

규식이나 조소앙도 언급하였다. 또 1937년 3월 1일자 한국국민당의 기관지 『한민韓民』은 조완구를 소개하면서 그가 상하이로부터 급한 전보를 받고 조성환과 함께 도착한 때가 3월 중순이라 적었다.

조성환은 1919년 4월 10일 밤부터 열린 독립운동가 대표들의 회의에 참석하였다. 모두 29명의 대표가 참석한 이 회의는 '대한민국'이라는 나라 이름을 결정하고, '대한민국 임시헌장'이라는 헌법을 통과시켰다. 그러므로 이 모임은 곧 제헌의회였다. 그냥 제헌의회가 아니라 한국 역사에서 최초로 민주공화정을 탄생시킨 자리였다. 1910년에 나라가 망할 때는 황제가 주권을 가지는 대한제국이었지만, 독립운동가들이 다시 세운 나라는 시민이 주권을 가지는 대한민국이었다. 다만 망명지에서 건국되고 운영되어야 하는 체제이므로, 정부와 의회는 '임시'라는 낱말을 앞에 붙였다. 임시정부와 임시의정원이 독립을 달성할 때까지 대한민국을 운영한다는 것이다. 대한민국 임시헌장은 제10조에서 국토를 회복하면 1년 안에 '국회'를 소집한다고 명시하여 독립하면 정부와 국회가 대한민국을 운영할 것임을 천명하였다. 이러한 내용은 앞에서 말한 것처럼 이미 「대동단결선언」을 통해 독립운동가들이 예정했던 순서대로 진행되고 있었다.

조성환은 4월 13일에 열린 대한민국 임시의정원에 노령露領(러시아 지역) 대표 자격으로 참석하였다. 이어서 그는 대한민국 임시정부가 총장과 차장으로 내각을 구성하자 군무차장에 뽑혔다. 이때는 총장으로 선임된 인사들이 상하이에 도착하지 못한 상태라 차장은 실질적인 책임자 역할을 했다. 그러다가 바로 이어서 차장제를 복수의 위원으로 바꾸게 되면서 그는 군무위원장을 맡아 임시정부의 군사 문제를 책임졌다.

한편 국내에서 4월 24일자 신한민국정부의 내각 명단('신한민국정부 선언서', 「소요사건에 관한 민정휘보」 제8보)에는 조성환이 내무차장으로 발표되고, 국민대회에서는 평정관으로 이름이 발표되었다.

조성환은 상하이에 거주할 때 프랑스조계 백자이로白自邇路 명덕리明德里 455에서 이시영·이동녕·신채호 등과 함께 살거나, 보강리寶康里 68호에도 머문 것으로 알려져 있다.

그해 8월 중순 조성환이 블라디보스토크에 나타났다. 일제 정보 문건에는 "이동휘가 있는 집에 8월 중순 상해에서 온 조성환이란 자가 있는데, 전 한국군 장교(명부에는 보병 부위)로 임시정부에 들어가 상당한 활동하던 자이다."라고 적혀 있다. 그가 갑자기 상하이를 떠나 블라디보스토크로 향할 때 원세훈元世勳이 동행하였다. 원세훈은 대한국민의회 상설위원장 출신으로 문창범文昌範의 명을 받아 상하이로 갔던 인물인데, 귀환할 때 그는 안창호로부터 중요한 부탁을 받았다. 그것은 다름 아니라 상하이에서 수립된 대한민국 임시정부와 블라디보스토크의 대한국민의회의 통합을 협의하는 것이었다. 블라디보스토크 주재 일본 총영사는 1919년 9월 11일자로 「선인鮮人의 행동에 관한 건」이란 보고에서 조성환과 원세훈의 도착 소식과 함께 "상해 임시정부를 유일한 정부로 승인하고 국민의회를 해산하자고 결의했다."라는 내용을 일본 외무성에 보고하였다. 그런데 사실은 원세훈과 조성환은 이보다 앞서 파견되었고, 통합 논의가 결실을 맺어 1919년 9월에는 이동휘가 국무총리를 맡기 위해 상하이에 도착하였다.

조성환이 상하이를 떠나 블라디보스토크로 움직인 또 하나의 목적은 독립군 조직에 있었던 것 같다. 일제 정보 기록은 그가 곧 만주로 터를 옮겨 지린에서 '군정부 활동'에 몰입하고 있다고 보고하였다. 일제는 그가 당시 "친일적인 봉천독군부와 반일 상태에 있는 길림 측 사이에서 친 길림 자세를 보이고 있다."라고 판단하였다. 그런 정황을 보여 주는 것이 이 무렵 조성환이 펼친 외교 활동이었다. 그때 펑톈奉天 독군督軍 장쥐린張作霖이 일본과 밀월관계를 가지고 친일 정책을 펼치자, 조성환은 이동녕과 연락하면서 외교활동을 벌여 까다로운 정황을 헤쳐 나갔다. 더구나 펑톈독군과 반목하던 지린 측으로부터 무기와 토지를 지원받고, 비교적 안정적으로 군사활동을 펼칠 수 있게 만든 것이다.

1919년 10월, 그의 행로에 변수가 생겼다. 하와이에서 활약하던 박용만이 연해주와 만주에 등장한 것이다. 박용만은 7월에 블라디보스토크를 거쳐 니코리스크에 도착했고, 10월에 조성환과 이민복李敏馥(이승복의 형)·백준白帤 등을 중심으로 간도와 지린 지역의 동지를 묶어 대한국민군이라는 조직을 만들기로 결의하였다. 일찍이 박용만은 미국 헤이스팅스에서 소년병학교를 만들고, 1914년에는 하와이에서 대조선국민군단을 조직하여 독립전쟁을 준비했던 인물이다. 그러다가 제1차 세계대전의 종결과 3·1운동이라는 정황을 접한 뒤 블라디보스토크로 이동하였다. 독립전쟁을 중심방략으로 생각하던 조성환으로서는 박용만과 쉽게 가까워질 수 있었고, 이들 사이에 독립군 조직이 논의되었다. 그 이름이 대한국민군이니, 박용만이 하와이에서 조직했던 대조선국민군단과 통하는 이름이다. 이들은 총사령부를 블라디보스토크에 두기로 계획을 세우고, 조성환이 총사령을, 박용만이 총참모를 맡기로 논의하였다.

이들은 계획을 밀고 나가기 위해 자금을 만들 방안을 찾았다. 국내로 사람을 보내 유력한 인물에게 자금을 요구하기로 가닥을 잡고, 조성환과 박용만이 각각 편지를 쓰고 사람을 시켜 국내로 보냈다. 이를 맡은 사람이 바로 앞에 나온 이민복과 백준, 그리고 박상환朴祥煥이 포함되었다. 국내로 몰래 들어온 세 사람은 중앙학교장을 맡고 있던 김성수金性洙와 경기도 고양군 용강면 동막에 거주하던 부호 민영달閔泳達에게 보내는 서신을 갖고 귀국하였다. 10월 28일 동대문 밖 청량사에서 김성수를 만나 서신을 전하고 돈을 내라고 청했다. 그런데 이들은 돌아가는 길에 일제 경찰에 붙잡혔고 김병희金炳僖와 이승복李昇馥도 박상환을 돕다가 붙잡히고 말았다.

조성환이 김성수에게 보낸 서신의 중심 내용은 그가 어떤 목표를 가지고 있었던가를 확실하게 보여 준다.

청량사. 서울 동대문구 청량리동에 있다.

나라 안팎에서 독립을 부르짖은 이래 전국이 응해 세상 사람을 놀라게 만들고 일본인의 간담을 서늘하게 만들었다. 우리 민족의 재생再生에 좋은 기회요, 지사는 분주하고 건아는 무기를 휴대하고 나설 때이다. 인원은 충분하고 시기는 무르익었으나 식량과 군기가 부족하니 이제 동지를 모으고 혈전을 기획할 때다. 이제 부대를 조직하니 곳곳에서 호응하고, 믿을 만한 외국인의 도움도 가능하니 식량과 군기를 차용하여 투쟁할 수 있다. 이제 50만 원을 모집하여 광복의 기본사업을 기도하려 한다.

－「독립운동자금모집자 검거의 건」, 1919년 12월 13일자

라돌라 가이다 장군

이 글은 독립전쟁을 일으킬 분위기가 무르익었다고 하면서 이제 인력도 충분하고 시기가 무르익었으니, 자금만 확보한다면 무장을 제대로 갖추어 혈전을 펼칠 수 있다면서 자금을 요구하고 나선 것이다. 그러나 이들이 잇따라 일제 경찰에 붙잡히는 바람에 계획을 진척시킬 수가 없었다.

또한 조성환이 블라디보스토크에 머물던 시절에 또 하나의 중요한 활동이 있었다. 그가 블라디보스토크로 이동해 있던 체코슬로바키아군 사령관을 만나 무기 구입 협상을 벌였고, 그 결실로 대한군정서가 무기를 대량 확보하여 이를 바탕으로 청산리승첩을 거두게 되었다는 것이다. 조성환의 무기 구입 협상 과정은 이범석의 회고록『우둥불』을 통해 알 수 있다.

체코슬로바키아(이하 체코로 줄임)는 오스트리아의 식민지였다. 오스트리아가 제1차 세계대전을 일으켜 서쪽으로 프랑스, 동쪽으로 러시아에 맞서 전쟁을 벌이자, 체코 청년들은 강제 동원되었다. 반면 러시아로 망명해 있던 체코 청년들이 망명군대를 조직하여 제정 러시아군대와 손잡고 우크라이나 지역에서 오스트리아 군대에 맞서 전투를 펼쳤다. 그런데 레닌이 집권하여 1918년 3월 독일·오스트리아와 러시아 사이에 강화조약이 맺어지자 체코 망명 군대는 서부전선으로 이동하여 프랑스군과 연합전투를 벌이기로 방향을 정했다. 그런데 우크라이나 서쪽은 볼셰비키 적군이 가로막고 있어, 고민 끝에 횡단철도를 이용하여 동쪽 끝 블라디보스토크로 이동한 뒤 배를 타고 유럽으로 돌아가는 길을 선택하였다. 당시 체코 망명군대는 6만 명이나 되는 규모였다. 이들이 블라디보스토크에 도착한 때는 1918년 4월 말이었다. 이를 이끌고 있던 인물이 라돌라 가이다Radola Gajda(1892~1948, 한글 기록에는 '가이다') 장군이었다. 이들은 동쪽으로 이동하면서 『체코슬로바키아 덴니크』라는 신문을 발행하고, 거기에 한국의 3·1운

가이다 장군 묘소(체코 프라하 올산스케 묘지)

동 소식을 거듭 실어 공감과 동정을 담아냈다.

　가이다 장군을 만난 최초의 한국인은 1919년 1월 여운형으로 나타난다. 여운형은 상하이에서 신한청년당을 조직하여 파리강화회의에 김규식을 대표로 파견하기로 결정하고 자금 마련과 호응을 불러일으키기 위해 나라 안팎으로 대표를 보내면서, 자신은 블라디보스토크로 향했다. 여운형은 출발에 앞서 상하이를 방문한 윌슨의 특사 찰스 크레인Charles Crane을 만났는데, 그는 미국에 망명해 있던 체코 지도자 마사릭Masaryk과 친구였다. 그래서 크레인의 추천으로 여운형이 가이다 장군을 만난 것이다. 이러한 사실은 근래 한국 주재 체코 대사 야로슬라브 올샤

사이다 將軍訪問記

一、아아나의祖國도數百年奴隸의恥辱을當할가只今復活의時代에在하도다이가只今歷史에顯히불不見하더勇氣와愛國心을發揮함을當할때에世界가가다고稱讚하얏것지마는그中에가장굳혼熱誠을발은者는아마우리(채크國民)이엇을것이오…

(이하 신문 기사 세로쓰기 본문)

1920년 1월 13일자 「독립신문」 기사

2세Jaroslav olsa jr가 『한국일보』 2009년 3월 7일에 기고한 「청산리전투 도운 체코 …… 인연 더 넓고 깊게」를 통해 알려졌다.

두 번째 인물은 조성환이다. 이범석은 1920년 6월 조성환이 가이다 장군과 직접 무기 구입에 대해 교섭을 벌였다고 회고하였다. 그러나 가이다 장군은 1919년 12월 중순에 이미 블라디보스토크를 떠나 상하이에 도착하여 『독립신문』 기자와 인터뷰를 가졌다는 사실로 볼 때, 조성환이 가이다 장군을 만나 무기 구입을 교섭한 시점은 조성환이 대한민국 임시정부를 수립하고 가을에 다시 블라디보스토크로 옮겨간 때라고 보는 것이 옳다. 일제 정보망에도 조성환이 이 무렵에 블라디보스토크에서 박용만과 만나 군대를 조직하려고 분주할 뿐만 아니라 국내로 요원을 보내 자금을 모으고 있다는 정황을 정확하게 확인하고 있었기 때문이다. 그래서 앞서 김성수에게 보낸 편지에 분위기가 무르익었고, 자금만 있다면 무기를 확보해서 독립전쟁을 펼칠 수 있다는 내용을 담았던 것이다.

당시 체코군은 무기를 여러 차례 판매한 것으로 짐작된다. 체코군의 무기가 한국 독립군에 넘어가고 있다는 사실을 눈치 챈 일제가 러시아에 경고하고 나선 점, 그리고 이범석의 회고대로 그 가운데 대한군정서가 무기 운반대를 보내 대량의 무기를 인수해 온 시기가 1920년 6월로 추측된다. 이범석의 회고록 『우둥불』에 의하면, 이때 확보한 무기는 소총 1,200정, 기관총 6정, 박격포 2문, 탄약 80만발, 수류탄, 권총 등이었다. 왕칭현汪淸縣 시따뽀西大坡의 대한군정서에 무기 운반대가 돌아온 것은 1920년 9월 초였다. 일행은 러시아와 만주의 국경을 넘어 시따뽀 본영으로 무사히 돌아왔다.

한편 조성환은 대종교 세력의 독립군 조직과도 깊은 관계를 맺고 있었다. 이미 1910년을 전후하여 대종교에 가입했다고 알려진 그가 대종교 대표인 서일徐一과 합작한 것은 당연한 일이었다. 서일은 3·1운동 직후 4월, 대종교 독립운동단체인 중광단重光團을 확대 개편하여 대한정의단을 조직했고, 10월 대한정의단과 대한군정회를 통합하여 대한군정부를 창립하였다. 대한군정부는 1919년 12월 임시정부 명령에 따라 대한군정서大韓軍政署(서로군정서에 대칭된 이름으로 북로군정서라고도 부름)로 이름을 바꾸고 대한민국 임시정부 소속 기관으로 편제되었다. 그 본부는 왕청현 시따뽀에 있었다. 이를 주도한 인물은 서일을 비롯하여 조성환과 현천묵·김좌진·이장녕·정신·이범석 등이었다.

무기 운반대가 돌아온 직후 대한군정서에서 조성환의 모습이 확실하게 드러났다. 9월 9일 대한군정서 사령관 김좌진이 소장을 겸직한 사관연성소가 제1회 졸업생을 배출하였다. 김좌진의 개식예사開式禮辭에 이어, 서일 총재와 현천묵玄天黙 부총재의 훈시 다음으로 내빈 축사가 있었는데, 조성환은 김혁金爀과 함께 그 축사를 맡았다. 김혁도 대한제국의 정위正尉를 지낸 인물이므로, 전직 장교 출신 지도자가 졸업생들에게 축하하는 자리를 가진 것이다.

대한군정서가 청산리대첩을 이끌어낸 것이 그로부터 한 달 뒤였다. 그렇다면 대한군정서의 인력을 길러내고 무기를 확보하는 데 기울인 조성환의 노력이 청산리대첩에 기여한 점이 크다고 해도 결코 지나치지 않을 것이다.

그런데 봉오동·청산리 승첩 이후, 일본군은 독립운동의 근거지가 되는 한인사회를 짓밟고 나섰다. 이른바 경신참변庚申慘變이 그것이다. 대한군정서를 비롯한 많은 독립군 조직들은 동포의 피해를 막고 전열을 가다듬기 위해 북만주를 벗어나 12월까지 밀산密山으로 모였다. 대표들은 일본군의 세력이 미치지 않고 러시아 정부의 지원을 기대할 수 있는 러시아 지역으로 이동하려는 계획을 세웠다. 출발에 앞서 각 단체를 통합하여 대한독립군단이 조직되고, 간부진을 편성하였다. 여기에서 조성환은 부총재를 맡았다.

총재 : 서일	부총재 : 김좌진 · 홍범도 · 조성환
총사령 : 김규식	참모장 : 이장녕
여단장 : 이청천	중대장 : 조동식 · 윤경천 · 오광선

병력은 3,500명에 달하는 큰 규모였다. 이를 이끄는 총재는 서일, 부총재는 조성환을 비롯하여 김좌진 · 홍범도 등 3명이고, 여단장은 이청천이었다. 독립군 연합조직인 대한독립군단 안에서 가지는 조성환의 위상을 알 수 있다.

독립군 부대들은 러시아로 이동하였다. 동포들이 많이 거주하는 이르쿠츠크로 이동하여 고려혁명군관학교를 세워 사관을 기르는 한편, 러시아 적군과 손잡고 러시아 백군 토벌에 나섰다. 조성환 역시 독립군 간부로서 군관학교 운영과 러시아 내전에 참여하였다. 그러나 러시아 내전은 궁극적으로 독립군의 에너지를 줄이는 일이므로, 전열을 가다듬어 만주로 다시 진출해야 옳았다. 그래서 조성환은 군자금 모집을 위해 6월 중순 상하이로 이동했다. 그때 자유시참변自由市慘變이 발생하였는데 다행히 그는 화를 입지 않았다. 하지만 러시아로 이동한 독립군은 사실상 해체되고 일부 병력은 흩어진 채 만주로 돌아왔다.

1921년 여름, 러시아 스보보드니(자유시, 이만, 알렉세예프스크)로부터 흩어져 돌아온 독립군은 다시 전열을 가다듬으려 하였다. 러시아군으로부터 무기를 사들이려고 계획을 세웠으나, 자금이 확보되지 못했다. 그래서 조성환은 다시 상하이로 갔다. 만주에서는 얼마나 다급하였던지 자금이 마련되면 급히 돌아오라고 전보를 보낼 지경이었다. 그 무렵인

1921년 7월 3일 러시아 치타에서 한족공산당이 조직되면서 조성환이 노동부 총장으로 선임되었다는 기록이 있다. 한족공산당 기관지인 『공산共産』 4호에는 이동휘(중앙집행부 집정관) · 문창범(총무원 총리) · 김립(비서) 등 핵심인물에 이어 신채호(내무부 총장) · 박용만(외무부 총장) · 조성환(노동부 총장)을 거론되어 있다. 그러나 이때 조성환은 치타로 가지 않았고, 이동휘 등과도 어울리지 않았다는 점에서 볼 때, 본인의 동의와 참여가 있었던 것은 아니라고 보인다.

만주 독립군 부흥과 3부 통합을 위해 08

자유시참변 소식을 들은 조성환은 기가 막혔다. 러시아에 남은 사람도 있고, 만주로 흩어져 돌아오는 사람도 있었다. 이들을 다시 받아들이고 한데 묶을 방안이 필요했다. 그러자면 자금이 먼저였다. 고민하던 끝에 그는 홍콩과 광둥廣東으로 가서 방안을 찾으려 했다. 일제는 그가 독립운동 자금 모집을 위해 8월 21일 상하이를 출발하여 홍콩·광둥·남양 각지로 향했다고 판단했다가, 9월 말에는 그가 간도로 향했다고 파악하였다. 그런데 실제 조성환은 10월부터 베이징에 머물렀다. 이처럼 그에 대한 일제 정보망의 혼선이 실제로 조성환의 방향전환에서 비롯된 것인지, 아니면 조성환의 양동작전에 일제가 당한 것인지는 명확하지 않다. 다만, 이 무렵 일제가 조성환이 박용만의 '중요한 부하'라고 판단한 점으로 보아 박용만과 밀접한 관계를 갖고 활동했음을 알 수 있다.

조성환은 1921년 10월 이후 1년 정도 베이징에 머물면서, 흩어져 만주로 돌아온 독립군을 다시 모으는 방법을 고민했다. 상하이보다는 베이징에 모인 인물들이 이 문제에 더 많은 관심을 갖고 있었다. 베이징에서 군사통일회의가 추진된 것도 이러한 분위기에서 비롯했다. 이어서 그는 1922년 전반기에 신흥무관학교 교장을 지낸 이세영李世榮을 비롯해 박용만·이광李光·황학수黃學秀 등 군인 출신 인사들과 함께 독립군 조직 통합과 군사양성 방법을 논의하기도 했다. 그런 과정에서 1922년 1월 보합단普合團이 만들어지고, 박용만이 단장, 조성환과 신채호가 간사를 맡았다. 그리고 이어서 베이징에서 군사통일회의가 열렸다.

이런 과정에서 임시정부는 조성환을 영입하려고 애를 썼다. 1921년 8월 임시정부가 조성환을 학무총장으로 선임했지만, 그는 끝내 취임하지 않았다. 신규식이 국무총리 대리 겸 외무총장을 맡아 부지런히 움직이던 바로 그 시기에 중국 외교를 맡아 줄 인물로 조성환을 지목했던 것이다. 실제로 신규식이 베이징에 머물던 조성환과 한세량韓世良·이광을 베이징 주재 임시외교위원으로 임명하였다. 1922년 9월에도 노백린 내각의 학무총장으로 선임되었지만 그는 끝내 부임하지 않았다. 그는 이를 외면하고 오로지 만주로 향했다.

한편, 1921년부터 이듬해까지 베이징과 만주에서 독립군을 새로 조직하려는 움직임이 거듭되었다. 그럴 때마다 군인 출신이던 조성환이나 황학수 같은 인물들은 항상 중심축에서 움직였다. 1922년 8월 북만주 방면에 대한군정서·의군부·혈성단·독립단·광복단·국민회·신민단·의민단·대진단 등 9개 단체 일부 대표들이 모여 지난 날 결성되었던 대한독립군단을 재조직하기로 결의하고 이범윤李範允을 임시 단장으로 추대하여 취지서를 발표하였다. 그리고 1년 뒤 1923년 9월에 이범윤과 김좌진·김규식·최진동·현천묵 등이 나서서 각 단체의 통합을 위한 군사연합회 준비회의를 열고 대표 이범윤을 뽑고 여러 곳에 보낼 취지와 결의 사항의 발송 책임자로 조성환과 이정이 맡았다.

조성환은 베이징에서 동포들의 교육에도 힘을 기울였다. 1921년 베이징에서 한교교육회韓僑教育會를 조직하였다. 여기에 참가한 주요인물은 이광·조성환·한세량·신팔균·황학수·이세영·성준용·김원식 등이다. 이 교육회는 『부득이不得已』라는 신문을 발행하였고, 1922년에는 선언서와 함께 중국인에 대해 기부를 권유하는 글을 인쇄하여 돌리기도 하였다. 이들은 마침 간도참변으로 발생한 고아들을 베이징으로 데려와서 집의학교執義學校를 만들어 수용하기도 했다.

1922년 가을 이후 북만주와 러시아의 상황은 빠르게 변하고 있었다. 10월 일본군은 시베리아에서 병력을 되돌리고 있었다. 이를 좋은 기회로 파악한 독립군 조직은 두 지역에서 각각 단체 통일에 나섰다. 조성환은 급히 북만주로 향했다. 김좌진·김규식과 함께 무장대를 조직했다. 독립군이 견디려면 무엇보다 동포사회가 뿌리를 든든히 내려야 했다. 조성환은 이를 묶어 주는 데에 민족종교가 중요한 역할을 맡을 수 있을 것이라고 여겼다. 1923년 4월 대종교 종사 김교헌金教獻이 종단본부를 영고탑寧古塔에 설치하고 대종교의 부흥을 시도한 것도 그러한 차원의 일이라 판단된다. 대한군정서 간부였던 조성환을 비롯하여 김좌진과 현천묵玄天默 등이 이를 적극 후원한 것도 마찬가지이다.

대종교로서는 1923년과 이듬해가 중요한 변환점이었다. 2세 교주 김교헌이 동도본사東道本司 본부를 닝안현寧安縣 영고탑에서 하얼빈으로 옮겨 제2의 상하이로 만든다는 계획을 세우고 추진하고 있었고, 얼마

지나지 않아 김교헌이 사망하고 윤세복이 3세 교주에 오르면서 체제와 활동에 변화를 보였기 때문이다.

김교헌은 1923년 세상을 떠나기 바로 앞서 일제 감시를 피하기 위해 만몽산업회滿蒙産業會라는 이름을 내걸고 동포들을 안정시키면서 교세 확장에 나섰다. 여기에 조성환이나 김좌진·현천묵 등이 참가하였다. 조성환이 만주 지역 한인들의 자치운동을 본격적으로 펼치기 시작한 것도 동포 사회의 안정에 목적이 있었고 대종교 사업과도 연결된 것이었다. 한인자치운동은 길림자치회가 제창하고 한인들이 자치를 펼 수 있는 지역을 만들자는 운동이 진척된 것이다. 자급자족을 지향하는 둔전제를 도모하기 위해 북간도에서 손홍범, 하얼빈을 중심으로 조성환이 운동을 펼치고 있다고 일제는 파악하고 있었다.

영안한인입적간민회寧安韓人入籍墾民會의 회원은 420호로, 7개 분회로 나뉘어 있었다. 9월 2일 닝안현 시아미장下密江 한인호회韓人戶會의 총회를 열어 임원을 뽑았는데, 그 회장이 바로 조성환이었고, 부회장이 장원준이었다. 그곳에서 등사판으로 『배달공론倍達公論』을 발간하였는데, 여기에 박정은朴正殷·김인해金仁海·빈광국賓光國 등이 앞장섰다. 이들 편집진은 얼마 뒤 상하이로 옮겨 『독립신문』 간행을 맡았다.

정리하면 조성환은 1923년 무렵 만주에서 대종교·독립군·한인동포 사회라는 세 가지 축을 중심으로 활동을 펼쳤다. 대종교의 방침, 군인 출신 독립운동 지도자의 의지, 동포사회의 안정을 위한 자치운동에 대한 지향을 모두 하나로 엮어 활동을 벌인 것이었다.

그 무렵 상하이에서는 국민대표회의가 열렸다가 문을 닫았다. 1923

년 1월 시작된 국민대표회의는 5월에 중단되고, 6월에 들어 창조파만이 참가한 모임에서 새로운 정부를 선언하고 나섰다. 이러한 사태가 펼쳐지자 조성환을 비롯한 북간도 독립운동계는 창조파의 행위를 규탄하고 나섰다. 조성환·이범윤·현천묵·김좌진 등이 나서서 다음과 같은 경고문을 발표하였다.

각지에서 임시정부의 제도 헌법 인물 등을 민의에 의하여 실제 운동과 시의 민도에 맞도록 개조함은 가하되 현 정부의 역사를 말상하고 창조를 하려함은 절대 불가한 뜻을 경고하고 아울러 통일을 절규하였다더라.

상하이의 일뿐 아니라 만주의 독립군을 통일하는 일은 시간을 다투는 일이었다. 1923년 10월 샤오쉬펀小綏芬에서 군사연합회의준비회 열어 남북만주군사통일회를 밀어붙인 것도 이 때문이다. 여기에서 조성환의 활동과 위상이 뚜렷하다. 북만주의 군사연합회의준비회가 꾸려지고 이범윤이 회장을 맡았다. 그런데 남북만주와 러시아 지역의 단체에 성립 취지와 결의 사항을 통지하기로 하고, 정식 대표를 파견하라고 요구하는 문서를 작성하고 발송하는 일을 바로 조성환이 맡았다. 여기에 참가한 주요 인물은 김혁·김규식·김좌진·이범윤·이범석·조성환·최진동·현천묵 등 20여 명으로, 이들이 남북만주군사통일회를 발기하였다.

이 회의는 1923년 8월 15일 화뎬현樺甸縣에서 시작되고 11월 3일 마무리되었다. 여기에는 독립군 지도자 58명이 참가하였다. 핵심 토의사항은 남북만주 각 단체와 군사기관을 통일시키는 문제였다. 회의 결과는 만몽신당滿蒙新黨을 조직할 것과 점진적으로 단체 통일을 촉진하자는 것이었다. 이를 실천하기 위해서 내몽골 지역에 대규모 토지를 빌려 군 사령부를 설치하고 사관학교를 세워 군인을 길러내며, 화뎬현에 중앙부를 두고, 장차 신사상을 가진 국가를 조직하자고 결의하였다. 총리 이범 윤을 비롯해 10개 부를 두었는데, 조성환은 의사부원이 되었다.

만주 지역 독립군 단체를 묶는 작업이 조금씩 진척을 보이는 와중에 또 다른 방해 요소가 나타났다. 공산주의 무장단체들이 들어서면서 곳 곳에서 갈등을 빚기 시작한 것이다. 이에 조성환은 김좌진·현천묵과 함께 군사연합회를 조직하고, 민족주의 계열 독립군 조직을 통합하려 고 나섰다. 남북만주를 오르내리며 유력 인물들과 교섭을 거듭한 끝에 1923년 12월 대한독립군단을 다시 만들었지만, 고작 9개 단체만 참가 하는 데 머물렀다. 그러자 이듬해 1924년 2월, 조성환과 현천묵은 대한 군정서를 다시 조직하였다.

총재 : 현천묵(일제 기록에는 총재 이범윤, 부총재 현천묵)
군사부장 : 조성환
서무부장 : 나중소羅仲昭
재무부장 : 계화桂和
참모 : 조성환·나중소·계화·김규식·이장녕·김혁 등

–『독립신문』1923년 3월 29일자

조성환은 대한군정서 군사부장 겸 참모를 맡았다. 이처럼 새롭게 진

세월의 흐름에 따라 변해간 조성환의 모습

용을 갖춘 대한군정서는 4월 하순부터 항일 무장투쟁을 준비하였다. 이들은 군사 모집과 사관학교 설립에 들어가는 한편, 만주 각지에 모연대募捐隊를 보내 군자금을 모으는 등 대한군정서 재건을 위해 활발한 활동을 펼쳤다. 이러한 맥락에서 대한군정서는 같은 해 7월 고려혁명군 간부진을 끌어안았는데 그 중심에 조성환이 있었다. 그는 남만주에서 전만통일회의주비회全滿統一會議籌備會가 탄생하자 군사분과위원을 맡았다. 그해 말 남만주 독립운동단체를 하나로 묶어 정의부正義府를 만드는 데 그의 역할이 컸다.

조성환이 대한군정서의 재흥과 독립군 조직의 통일운동에 힘을 쏟던 무렵, 대종교와도 깊은 관계를 맺으며 움직이고 있었다. 1924년 3월 16일 닝안현에서 대종교 제2회 교의회가 열렸고, 그 자리에 조성환의 모습이 나타났다. 제3대 교주(도사교) 윤세복은 1960년 간행한 『우리 스승님들 모습』「조청사曹晴 도형道兄」 편에 조성환에 대해 다음과 같이 기록하였다.

도형의 나이 50세인 갑자甲子해(1924)에 지교의 교질로서 총본사 전리대판典理代辦이 되시고, 영안현에서 둘째 번 교의회를 불러서 홍범규제弘範規制를 개정하여 상교로 오르시며, 또 53세인 정묘丁卯해(1927)에 동북구의 포교금지령佈教禁止令을 당하여 길림 또 남경 교섭이 끝나매 정교가대형호正教加大兄號로 승질陞秩하셨다.

뒷날 조완구도 조성환에 대해 다음과 같이 적었다.

당시 대종교 총본사總本司는 영안현에 현주現住하고 단애종사檀崖宗師(윤세복)가 무원종사茂圓宗師(김교헌)의 유탁遺託으로 제3세 도사교都司敎에 승임陞任할 때에 도형道兄은 총본사 전리대판典理代辦으로서 제2회 교의회敎議會를 소집하여 홍범규제弘範規制를 수정하였고 ······.

ㅡ『대종교중광60년사』, 1971

전리典理는 종무 행정 총책임자이고, 대판은 대리 직책이다. 따라서 조성환은 1924년에 종무행정을 총괄하는 직책을 대리한 것이다. 김교헌을 이어 윤세복이 3대 교주인 도사교를 맡으면서 조성환에게 종무 행정을 맡겼고, 이에 그는 규정을 개정하였다는 뜻이었다. 독립군 조직의 통합에 몰두하면서, 다른 한편으로는 독립군과 동포들의 정신적인 중심축인 대종교의 활성화에도 힘을 쏟은 것이다. 이처럼 그의 활동에는 대한군정서·대종교·영안한인입적간민회가 하나로 엮여 있었다.

1924년 4월 21일 대한군정서가 1주일 예정으로 영고탑 대종교 사무실에서 회의를 열었는데, 영안한인입적간민회 회장을 맡은 조성환과 대한군정서 총재 현천묵 등 각지 대표 30여 명이 출석하였다. 이 회의는 대한군정서연합회 총회라고 알려지는데, 본부를 둥빈현東寧縣에 두고 지부를 닝안현에 두며 하이린海林을 비롯한 곳곳에 통신기관을 두어 급히 군인 모집을 착수한다고 결의하였다. 여기에서 조성환은 대한군정서의 고문을 맡았고, 총재 현천묵, 사령관 김규식, 군사부장 이범석 등이 핵심 인물로 포진하였다. 이에 따라 5월 이후에는 하얼빈 동부 둥닝현과 북간도 방면에 모연대募捐隊를 보내 사람을 모으고 사관학교를 세우고자

하였다.

1924년 10월 조성환은 큰 위기를 넘겼다. 일본이 계략을 꾸며 조성환을 비롯한 독립운동가 여러 사람을 장쭤린 군벌에게 붙잡히게 만들고 이들을 일제에 넘겨달라고 갖은 수단을 동원한 것이었다. 일제가 노린 그대로 조성환을 비롯한 핵심 인물들이 장쭤린 군벌에 체포당해 위기를 맞았지만, 혼신의 힘을 쏟아 소명하는 데 성공하여 겨우 풀려난 일이 이 시기에 일어났다.

이어서 같은 10월에 남북만주 단체의 대표 회의가 열렸다. 전만통일회의는 의장 김동삼金東三의 지휘 아래 진행되었다. 11월 20일 판스현磐石縣에서 이 회의는 정의부를 성립시키면서 마무리되었다. 중앙행정위원을 선출하고 분과위원을 정했는데, 조성환은 이장녕·김철과 함께 군사분과위원으로 선임되었다.

조성환은 전만통일회의를 마친 뒤에 오동진·이진산과 함께 지린 시내에 있던 양기탁의 집에 모였다. 얼마 뒤 12월 8일부터 사흘 동안 카룬에서 의성단義成團 임시회의가 열릴 때 그가 양기탁과 함께 회의에 참석한 것도 이 모임에서 비롯하였다.

남만주에 정의부가 들어서자, 북만주에서도 독립운동을 이끌어가는 정부 성격을 가진 조직에 나섰다. 1925년 3월 10일 북만주 독립군 단체들이 지린성 닝안현 영고탑에서 통합 논의를 시작한 결과, 그달 15일 신민부新民府를 탄생시켰다. 여기에 참석한 대표 단체가 대한군정서와 대한독립군단이고, 여기에 민선으로 뽑힌 각 지역 대표들이 참석하였다. 조성환은 김혁·정신과 더불어 대한군정서 대표로 참석하였고, 대한

독립군단 대표는 김좌진을 비롯한 남성극·최호·박두희·유현 등이었다. 그런데 이 자리에서 대한민국 임시정부를 어떻게 대할 것인지가 큰 문제로 등장하였다. 끝내 대한민국 임시정부를 옹호하자는 세력이 신민부를 조직하고 나섰다. 1925년 3월 22일 신민부 선포문이 발표되고, 김혁이 중앙집행위원장을 맡았으며, 조성환은 9명의 집행위원에 속하면서 외교부 위원장을 맡았다. 신민부가 조직된 뒤, 그는 외교부장이자 집행위원으로 활동하였다.

신민부 집행위원

중앙집행위원장 : 김혁	민사부위원장 : 최호
군사부위원장 : 김좌진	참모부위원장 : 나중소
외교부위원장 : 조성환	법무부위원장 : 박성태
경리부위원장 : 유정근	교육부위원장 : 허빈
선전부위원장 : 허성묵	연락부위원장 : 정신
실업부위원장 : 이일세	심판원장 : 김돈
총사령관 : 김좌진	보안사령관 : 박두희

신민부는 군구제軍區制와 둔전제를 실시하여 상비군을 확보하고, 성동사관학교城東士官學校를 운영하여 독립군의 줄기를 만들었다. 무링현穆陵縣 샤오취펑小秋風에 설립된 이 사관학교는 2기에 걸쳐 속성 군사교육을 펼쳤는데, 모두 500명이 넘는 졸업생을 배출했다. 교장은 김혁, 부교장 김좌진, 교관에 박두희·백종열·오상세 외 5명이 활약하였고, 조성환은

이범윤과 함께 고문을 맡았다. 이 사관학교에서 배출된 졸업생 대부분 신민부의 군인이 되어 독립군이 되거나 국내 공작원으로 활약하였다.

이 무렵 남북만주의 한인사회가 정비되었지만, 주변 환경은 더욱 나빠져 갔다. 1925년 6월 일제와 장쭤린이 삼시협정三矢協定을 맺어 한국독립군을 짓누르는 바람에 독립군의 활동은 발목이 잡혔다. 이에 신민부·정의부·참의부 지도자들은 이 문제를 해결하려 나섰다.

중국관헌의 취체가 엄중하기 때문에 정의부는 최근 유하현柳河縣 삼원포三源浦와 흥경현興京縣의 근거지를 화전현樺甸縣 방면으로 이전하고 새로 수령 이상룡李相龍이 수반이 되고 간부 이흠李欽·김동삼金東三·오동진吳東振과 같이 신민부의 조성환·김좌진, 참의군參議軍의 윤세용尹世瑢 등과 연립내각을 조직하고 새 활동을 꾀하는 중이라더라.

－『동아일보』1926년 2월 17일자

이런 무렵에 조성환은 대한민국 임시정부의 국무위원으로 다시 한 번 부름을 받았다. 대한민국 임시정부는 제2차 개헌을 통해 대통령제를 국무령제로 고쳤다. 초대 임시대통령 이승만을 탄핵시키고, 2대 임시대통령이 된 박은식은 취임하자마자 개헌을 추진하여 내각책임제 형식을 갖춘 국무령제를 채택하고 물러났다. 이에 따라 초대 국무령으로 선임된 인물이 남만주 지역 독립운동계의 대부인 이상룡이었다. 이상룡이 상하이에 도착하여 취임하면서 새로운 내각을 구성하였는데, 거기에 조성환을 비롯하여 이탁·김동삼·오동진·윤세용·현천묵·윤병용·김좌진 등이 국무위원으로 선임되었다. 이러한 구성원을 보면, 정의부(이상룡·김동삼) 신민부(조성환·김좌진) 참의부(윤세용) 등 3부가 통일하여 연립 내각을 추구한다는 소문이 날 만도 했다.

그러나 세력이 약해질 대로 약해진 임시정부에 국무위원을 맡겠다고 나선 사람은 없었다. 대부분 만주에서 동포사회를 누비며 독립군을 조직하고 투쟁을 벌이던 인물들이었기 때문에 터전을 떠나 상하이로 부임하지는 않았다. 조성환도 마찬가지였다. 그래서 이상룡도 여섯 달 만에 만주로 돌아서고 말았다. 공식적으로 이상룡을 비롯한 국무위원이 해임된 날짜는 1926년 2월 18일이다.

1926년 국내에서 융희황제(순종)가 세상을 떠났다는 소식이 들려왔다. 그러자 곳곳에서 3·1운동처럼 대규모 항일시위를 도모하는 일이 비밀리에 진행되었다. 국내에서는 조선공산당이 앞장섰고 천도교 구파와 조선학생과학연구회 등이 나섰다. 그렇게 펼친 대규모 항일투쟁이 6·10만세운동이었다.

조성환도 만주에서 융희황제 장례에 맞춰 항일투쟁을 기획하였다. 일제 정보에는 4월 29일 조성환·정신·김좌진 등 20여 명이 닝안현 황기툰 간민학교에서 모임을 가지고, 장례를 전후하여 고관을 암살하고 관공서를 부수며 시위를 일으키자고 논의하고서 8명으로 결사대 2대를 편성하여 파견하였다고 파악하였다. 하지만 실제로 이들의 활약을 알려주는 자료는 발견되지 않고 있다. 상하이에서도 병인의용대가 국내로 요원을 보낸 사실이 확인되는 만큼, 조성환 일행이 보낸 요원들의 움직임도 있었을 것이라 짐작된다.

09 유일당운동을 벌이다

1926년 여름 이후 조성환은 유일당운동唯一黨運動에 나섰다. 유일당운동은 정당을 조직하여 이것으로 독립운동을 지도하고 국가를 운영하자는 이당치국以黨治國 체제를 추구하는 것인데, 다당제가 아니라 오로지 1개 정당만으로 이를 밀고나가자는 운동이었다. 3·1운동 당시 사회주의가 파급되면서 점차 항일투쟁 세력들이 좌우로 분화되어 가자, 이를 하나로 묶는 시도도 거듭되었다. 1919년 9월 이동휘가 이끌던 대한국민의회 주력이 상하이로 이동하여 대한민국 임시정부에 합류한 것이 첫 좌우합작인 셈이다. 1923년에 열린 국민대표회의도 사실상 큰 그림으로 보면 좌우합작이요, 독립운동 조직의 통합운동이었다. 이어서 독립운동계 전체를 아우르는 큰 움직임이 나타났으니, 이것이 바로 유일당운동이었다.

유일당운동에 맨 앞에 나선 인물은 안창호였다. 그는 상하이에서 미국으로 갔다가 1926년 5월 16일 다시 상하이로 돌아왔다. 그는 상하이에 도착하자마자 임시정부 개조에 나섰다. 상하이와 만주 지역의 인물들을 초청하여 임시정부를 강화하는 데 나선 것이다. 여기에 조성환도 고려 대상으로 떠올랐다.

안창호는 1926년 5월부터 대당大黨 건설운동에 나섰다. 이를 추진할 독립운동촉성회가 상하이에서 조직되었다. 7월에는 안창호가 강연회를 열어 분위기를 만들어 갔다. 그러던 중 안창호는 상하이에서 기초 작업을 진행하다가 바깥으로부터 바람을 안으로 집어넣는 방법을 찾았다. 8월과 9월에 베이징의 유력자이며 좌파 세력의 대표인 원세훈을 만나 대동단결을 거듭 촉구한 일이 구체적인 걸음이었다. 그 결실로 10월 11일 베이징 고려기독교회 예배당에서 대동단결을 논의하는 자리가 열렸다. 이튿날 2차 회의에서 의장을 맡은 사람이 다름 아닌 조성환이었다. 그 자리에서 좌우합작체의 이름을 대독립당조직북경촉성회大獨立黨組織北京促成會(줄여서 북경촉성회)로 정했다. 또 조성환은 선언서와 간장簡章을 기초할 위원 6명 가운데 1명으로 뽑혔다. 이어서 16일 3차 회의에서 선언서와 간장을 결의하고 7명 집행위원을 뽑을 때도 그는 장건상 등과 함께 포함되었다. 마침내 28일자로 그를 포함한 24명 회원의 이름으로 선언서가 발표되었다. 북경촉성회가 창립되자 그는 집행위원이면서 또한 대표가 되었다.

베이징에서 발표된 선언서는 러시아의 무산혁명자가 공산당의 깃발 아래 모인 것과 중국의 혁명자가 국민당에, 그리고 아일랜드의 혁명자가 신펜당으로 집결한 사실을 예로 들면서, 정당으로 결합하는 것이 당연하다고 강조했다. 선언서 끝에는 '한국 혁명동지는 당적으로 결합하라', '민족혁명의 유일전선을 작作하라'고 하여 대당의 결성을 전선통일의 방법으로 내세웠다. 이러한 구호는 민족협동전선 결성의 구체적 방법으로 오로지 하나의 대당, 곧 유일당을 결성하자고 주장한 것이었다. 여기에서 조성환의 존재가 뚜렷하게 드러났다. 이미 2차 모임에서 의장을 맡았던 조성환은 원세훈·박건병朴健秉·배천택裵天澤과 함께 4명으로 구성된 집행위원으로 선출되었다.

북경촉성회는 유일당운동의 출발점이었다. 유일당운동이 먼저 시작되었던 상하이에서도 1927년 4월 11일 한국유일독립당상해촉성회(줄여서 상해촉성회)가 조직되었다. 이어서 9월까지 광둥·우한·난징에서도 유일당촉성회가 조직되었다. 이제 이를 하나로 아우르는 일만 남았다. 이를 위해 1927년 11월에 한국독립당관내촉성회연합회가 상하이에서 열렸다.

여기에서 조성환이 북경촉성회 대표로 표기된 점을 확인할 수 있다. 연합회의 성립에 중국본토 지역의 독립운동계가 총망라하여 참가했다. 거기에는 상하이·베이징·난징·광둥·우한 등 각 지역의 대표뿐만 아니라 홍진을 비롯한 임시정부 계열과 박건병·배천택 등의 베이징 중심의 세력, 그리고 사회주의 세력 가운데 이르쿠츠크파·화요회파 계열과 상해파·서울청년회파 등 각 계열의 독립운동자들을 하나로 통합하려는 것이었다. 따라서 조성환의 꿈도 컸다. 하지만 회의가 거듭되면서 점차 통합의 가능성은 잦아들었다. 바깥으로 코민테른의 '12월 테제'가 민족 부르주아 세력과 헤어지라고 요구한데다가, 안으로는 이를 따르는 ML파가 득세함에 따라 끝내 유일당운동을 주저앉게 만든 것이다. 이에 상하이에서는 우파만이라도 정당을 만들어 임시정부를 꾸려나가면서 독

한국독립당관내촉성회연합회 개황

	대 표	창립 시기	회원	비고
대독립당조직 북경촉성회	조성환	1926년 10월 16일	40	촉성보(促成報) 발행
한국유일독립당 상해촉성회	진덕삼(陳德三) [홍남표(洪南杓)]	1927년 4월 11일	160	임시정부 참여해도 대표는 좌파인물
대한독립당 광동촉성회	정학빈(鄭學彬) [유린(有燐)]	1927년 5월 8일	170	의열단 영향 큼
한국유일독립당 무한촉성회	박건웅(朴建雄)· 백덕림(白德林)	1927년 7월 초	150	의열단원 다수
한국유일독립당 남경촉성회	김일주(金一柱)· 김수청(金秀靑)	1927년 9월 27일	30	의열단원 다수

립운동을 펼친다는 움직임이 나타났고, 그 결실이 1930년 1월 25일 상하이에서 결성된 한국독립당韓國獨立黨이었다.

한편 조성환은 유일당운동이 독립운동계 통합만이 아니라, 만주 문제를 해결할 수 있는 기회라고 판단했다. 북경촉성회 창립 직후, 그는 강구우姜九禹 등과 함께 입적간민회入籍墾民會를 조직하였다. 그가 줄곧 관심을 가진 것이 동포들의 안정적인 정착이었다. 그것이 바로 독립군 활동의 기반이기 때문이다. 그러자면 무엇보다 먼저 동포들이 추방당할 염려가 없도록 중국 국적을 가지는 것이 중요했다. 또 동포들을 하나로 묶는 방법으로 대종교를 내세웠다. 하지만 일제가 삼시협정을 통해 대종교 포교금지령을 내리자, 그는 1929년 박찬익과 더불어 외교를 펼친 끝에 이를 해결하였다. 대종교가 만주 지역 독립군 조직과 연계에 중요한 역할을 하고 있었기 때문에, 일제는 국내에서는 '미신타파운동'이란

이름으로 단군신앙을 탄압하고, 밖으로는 삼시협정을 통해 연결조직망
을 붕괴시켜 나갔다.

대한민국 임시정부 군무장이 되다 10

1929년 유일당운동이 중단되었다. 1930년 1월 상하이에서 임시정부를 중심으로 활동하던 우파 세력이 한국독립당을 결성하자, 조성환은 여기에 참가했다. 다만 그는 여전히 활동 무대를 베이징으로 잡았다. 1931년 12월 임시의정원 경기도 의원으로 선출된 것을 시작으로, 임시정부로부터 계속 국무원 취임 요청을 받았지만, 그는 베이징에 머물면서 한국독립당 베이징지부 간사로만 활약했다.

1931년 9월 18일 일제가 만주를 침공하자(만주사변), 상하이에서 대일전선통일동맹이라는 조직이 나타났다. 유일당운동이 중단된 뒤에 다시 시작된 좌우합작운동이자 일제의 만주침공이라는 상황에 적절한 대응책을 찾으려는 노력으로 추진된 단체였다. 여기에도 안창호가 앞장서고 조성환과 이동녕·최동오가 논의에 참가하였다. 상임위원회가 설치되고 간장·규약의 기초가 마련되었다.

1932년 1월 이봉창 의거, 4월 29일 윤봉길 의거가 연거푸 터지면서 임시정부의 위상이 급격하게 높아졌다. 놀라운 성과를 올리면서 그만큼 임시정부가 짊어질 부담도 커졌다. 13년 동안 활동을 보장하던 프랑스 조계 당국이 더 이상 임시정부의 존립을 보장해 주기 힘들게 되었기 때문이다. 따라서 임시정부 요인들은 급하게 상하이를 벗어나 항저우杭州와 지아싱嘉興으로 옮겨갔다. 요인들의 가족들도 급하게 안전지대로 움직였다.

이 시기에 조성환은 임시정부 국무위원으로 뽑혔다. 1932년 11월 28일 임시의정원은 24회 정기의회에서 국무위원을 선출하였는데, 조성환은 이동녕·김구·윤기섭·차리석·신익희·최동오·송병조 등과 함께 뽑혔다. 그는 1933년 12월 25일 임시의정원 의원을 사임하였지만, 닷새 뒤인 12월 30일에 난징 근처 쩐쟝鎭江에서 열린 임시의정원 정기회의에서 새로 시작하는 임기의 국무위원으로 당선되었다. 이어서 상하이를 탈출한 뒤 임시정부가 일제의 추적망을 따돌리면서 어렵게 꾸려가던 시기에 그는 국무위원에 선임되어 항저우와 지아싱, 또는 쩐쟝과 난징을 오가며 일에 매달린 것으로 보인다. 그러면서도 베이징은 그의 주된 근거지였다. 1934년 일제 정보기록에 그가 한국독립당 북평(베이징)지부 책임자(간사)로 명시되어 있어서 그가 한국독립당 북평지부 대표로 활약하고 있었다는 것을 알 수 있다. 일제의 집요한 추적을 따돌리면서 임시정부를 중심으로 활동하기 시작한 때가 이 무렵이다.

그는 임시정부와 만주 지역을 잇는 과정에서 두드러진 활동을 보였다. 중국국민당 정부가 임시정부를 공식적으로 지원하지 않다가, 윤봉길 의거 이후 자세를 바꾸었다. 이에 김구는 1933년 5월 장제스蔣介石를 만나 한국청년을 중국군관학교에 입교시켜 초급간부를 양성하는 데 합의하였다. 중국중앙육군군관학교 낙양분교에 한인청년을 수용하고 길러낼 특별반을 만들기로 한 것이다. 이제 임시정부는 본격적으로 군사 간부를 길러낼 수 있고, 장차 군대를 조직할 비전이 보였다. 그런데 청년 모집도 중요해야 하지만 그를 길러낼 군사 지도자도 필요했다. 김구는 북만주에서 이청천(본명 지대형, 지청천)이 이끌고 있던 (만주)한국독립당의 한국독립군에 주목했다. 그를 초빙하여 한인청년들을 초급 장교로 길러내려고 한 것이었다. 그렇다면 만주로 가서 교섭을 펼치고, 설득하여 중국 관내 지역으로 데려오는 사람이 필요했다. 그 책임을 맡은 인물이 바로 조성환이었다. 그는 임시정부와 만주 독립군의 연결고리였다.

마침 이청천이 이끌던 한국독립군은 대승을 거두어 일본군의 무기를 빼앗아 확보했지만 중국국민당 군대가 이를 강박하여 가로채고 이를 항의하던 지도자들이 구타를 당하는 어처구니없는 일을 당한 직후였다. 조성환이 이청천을 비롯한 한국독립군 지도자들을 만나 설득하고, 이에 따라 이청천이 앞장서서 간부들을 변장시켜 중국 관내로 이동시켰다. 1934년 2월 마침내 낙양분교에 한인특별반이 설치되고 청년들에게 교육을 시킬 수 있게 되었다. 그런데 바로 이 때 무슨 이유에서인지 그는 국무위원에서 물러났고, 3월에 임시의정원에서 사직원이 수리되었다. 다만 이 무렵 그가 한국독립당 북평지부 책임자 직책만은 그대로 유지되고 있었다.

1935년에 접어들면서 임시정부는 격동에 휘말렸다. 임시정부의 해산을 주장하는 통합정당이 조직되었기 때문이다. 그해 7월 5일 난징에서 민족혁명당이 조직되었다. 여기에 의열단이 앞장서고 조선혁명당·신한

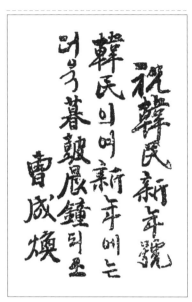

「한민」에 게재된 조성환의 축하 글(1937년 1월 1일)
'축한민신년호(祝韓民新年號) 한민(韓民)이여
신년(新年)에는 더욱 모고신종(暮鼓晨鐘) 되소.'

독립당·대한독립당이 참가한 것은 그럴 수 있다고 하더라도, 1930년 1월부터 임시정부를 지켜온 여당인 한국독립당마저 참가하고 나선 일은 충격적이었다. 조소앙처럼 대표적인 인물이 한국독립당을 이끌고 임시정부를 이탈했기 때문이었다.

임시정부로는 심각한 상황에 놓이고 말았다. 그러자 윤봉길 의거 이후 일제의 추적을 따돌리며 몸을 감추고 지내던 김구가 임시정부 해산을 반대한다는 성명서를 발표하면서 수습에 나섰다. 임시정부 영역을 빠져나간 조소앙을 비롯한 여러 국무위원들이 제출한 사직서를 임시의정원에서 통과시키고, 이어서 다시 임시정부를 지탱할 방안을 찾았다. 김구·이동녕·이시영·조완구 등은 임시정부를 고수하면서 독자적인 노선을 걸었다. 이 때 조성환도 임시정부를 떠나지 않았다. 그러던 차에 한국독립당을 이끌고 민족혁명당에 들어갔던 조소앙이 두 달 남짓 지난 9월 25일 거기에서 탈당하여 항저우에서 한국독립당 재건을 선언하였다. 김원봉이 이끌던 의열단이 민족혁명당 운영을 독점하여 주도하자 조소앙이 탈퇴를 선언한 것이다. 조소앙이 그렇게 뛰쳐나와 다시 재건을 선언한 정당을 '한국독립당 재건파'라고 부른다.

이런 정황 속에 임시정부를 이끌던 인사들은 두 가지 방안을 선택하였다. 무엇보다 먼저 국무위원을 새로 뽑아 임시정부를 정비하는 것이 급했다. 11월 보궐선거를 통해 조성환이 이동녕·이시영·김구·조완구 등과 함께 신임 국무위원으로 뽑혔다. 그 진용을 보면 다음과 같다.

주석 : 이동녕   내무장 : 조완구

외무장 : 김구   군무장 : 조성환

법무장 : 이시영   재무장 : 송병조

비서장 : 차리석

「한민」의 조성환 소개 기사 앞부분

국무위원의 진용은 이들이 찍은 사진으로도 확인된다. 1935년 11월 7일 난징 입구에 있는 쩐장에서 찍은 사진은 주석 이동녕을 비롯한 국무위원 7명 모두가 함께 서서 포즈를 취했다. 앞줄에 주석 이동녕이 중간에 서고 왼쪽에 조완구, 오른쪽에 이시영이 섰다. 뒷줄은 왼쪽부터 송병조·김구·조성환·차리석 순이었다. 모두 창파오 차림인데, 연로한 모습이 역력하다. 같은 날 국무위원 아래의 중진인 엄항섭·양우조·안공근 등이 함께 찍은 다른 사진도 있다.

조성환이 앞서 여러 차례 국무위원을 맡기도 했지만 대부분 무임소 국무위원이었다. 그런데 이번에는 군무장軍務長을 맡게 되었다. 그가 무

대한민국 임시정부 요인과 가족사진(1935년 11월 7일)
앞줄 왼쪽에서 조완구, 이동녕, 이시영, 뒷줄 송병준, 김구, 조성환, 차리석.

관학교를 거쳐 장교를 지내고 만주에서 독립군을 이끌던 자신의 경력을
비로소 제대로 살린 일을 맡은 것이다. 이것은 광복을 맞아 환국할 때
까지 10년 동안 군무부와 군사문제를 담당하는 출발점이어서 그에게는
중요한 시기였다.

임시정부 요인들이 택한 두 번째 조치는 임시정부를 지탱할 정당을
새로 조직하는 일이었다. 조성환이 군무장을 맡은 1935년 11월, 한국
국민당이 조직되었다. 김구가 이사장을 맡고, 이동녕·이시영 등 국무위

대한민국 임시정부 요인과 가족사진(1935년 11월 7일)
뒷줄 맨 오른쪽이 조성환, 연로한 모습이다.

원급 인사들이 이사를 맡았다. 그때 조성환은 이시영·양우조 등과 함께 감사가 되었다. 한국국민당은 임시정부를 꾸려가는 여당이자 기둥이었고, 여기에 조성환이 굳건하게 서 있었다. 이처럼 임시정부가 국무위원을 새로 선임하여 세력을 보강하고, 여당을 조직하여 바탕을 다지는 과정에 그의 역할은 선명하게 드러난다.

임시정부는 사무실인 판공처를 난징 입구에 있는 쩐쟝으로 옮겼다. 임시정부 청사를 중국국민당 정부의 수도인 난징성 안으로 옮기고 싶지만 일본의 견제 때문에 그럴 수가 없었다. 당시 일본은 김구에게 거액의 현상금을 걸고 뒤쫓고 있었는데, 만약 임시정부 판공처가 난징성 안에 있다면 군함을 쩐장을 거슬러 보내 직접 난징성 안을 폭격하겠다고 중국정부에 으름장을 놓고 있었다. 김구를 비롯한 임시정부 요인들이 난징성 안에 숨어들어 움직이면서도 임시정부 청사를 쩐장에 두었던 이유가 바로 여기에 있었다. 이 무렵부터는 조성환의 활동은 오로지 임시정부 안에서 펼쳐졌고, 난징과 쩐장 그리고 지아싱嘉興이 주요 지역이었다.

조성환은 임시정부와 임시의정원에서 핵심인물로 자리를 잡았다. 1936년 11월 10일에 제29회 임시의정원 정기총회에서 조성환은 이동녕·이시영·김구·송병조·조완구·차리석 등과 함께 다시 국무위원으로 선출되고, 19일에는 군무장을 계속 맡게 되었다. 한편 이때 임시의정원의 의원을 보궐 선출할 때, 조성환은 경기도의원으로 선출되었다.

조성환의 두 부인과 아이들 11

조성환의 아내 조순구(1876~1952)는 1911년경 베이징에 함께 머물다가 1912년에 귀국하여 첫딸을 낳았다. 유배지에서 낳은 딸이 바로 첫딸이자 외동딸 조연경이다. 유일당운동에 참가하던 1920년대 후반 무렵 조성환은 상하이와 베이징을 오가며 활동했다. 첫째 부인은 딸을 데리고 중국을 오가거나 베이징에 이어 상하이에 머물며 살았다. 외동딸 조연경은 만 19세가 되던 1931년 4월 상하이에서 세상을 떠났다. 한국독립당 북평지부 책임을 맡아 상하이와 베이징으로 오가던 시기였다. 당시 독립운동가들이 망명지에서 가족을 잃는 일은 흔한 일이었지만, 당사자는 큰 슬픔을 겪어야 했다. 그런데 가족들이 살던 장소가 상하이가 아니라 베이징일 가능성도 있다. 후손들의 기억에 상하이라고 전해지고 있지만, 그가 한국독립당 북평지부 책임자를 맡던 사실이나 그가 줄곧 베이징을 중심으로 활동하고 있었기 때문이다.

조성환은 중국에서 둘째 부인을 맞이하였다. 중국인 하파下坡 이씨인 이덕해李德海의 딸 이숙진李淑珍으로, 1900년 출생인 이숙진은 조성환보다 무려 25세나 어린 신부였다. 가족사진 가운데 딸과 둘째 부인이 함께 찍은 사진이 한 장 전해지고 있다. 외동딸이 1931년 4월에 상하이에서 사망했으니, 둘째 부인을 맞은 때는 그 이전이었다. 그렇다면 늦어도 1930년 이전에 상하이나 베이징에서 20대 젊은 중국 여인을 둘째 부인으로 맞은 것이었다.

외동딸 연경과 둘째 부인이 사진관 세트 앞에서 찍은 사진을 보면 마치 다정한 친자매 같이 느껴진다. 두 사람의 나이 차이도 11살밖에 나지 않았다. 이처럼 딸과 둘째 부인이 함께 찍은 사진이 있는 것으로 보아 두 부인은 가까운 곳에 살고 있었다고 짐작된다.

조성환 부부와 3명의 여자아이 사진도 있다. 조성환의 모습으로 미루어보아 난징으로 도착하기 이전, 그러니까 베이징이나 상하이 시절 때로 보인다. 아내의 모습도 조금은 나이가 들어 보인다. 그런데 뒤에 서 있는 세 딸아이들이 누구인지 확실하지 않다. 셋 가운데 한 명이 외동딸 연경이라면 나머지는 집안 질녀이거나 친인척으로 추측할 수 있다. 만약 이 가운데 딸이 있다면 이 사진은 1931년 이전에 촬영된 것이다. 첫째 부인이 1937년에 귀국한 뒤에는 둘째 부인이 사진 속에 등장했다.

외동딸을 잃은 뒤 2년 지난 1933년에 조성환은 집안 조카 가운데 조규식趙圭式(1915~1942)을 양자로 맞아 들였다. 그때 조규식이 만 18세였다. 그가 언제 중국에 갔는지는 확실하지 않지만 조성환의 두 아내와 함께 찍은 사진을 보면 사진에 찍힌 시기는 대략 입양한 직후로 짐작된다. 조성환과 첫째 부인이 긴 의자에 앉고, 양자가 그 사이에 서서 중심을 이루고, 둘째 부인은 조금 거리를 두고 앉아 있다. 의도한 것은 아니겠

딸(연경, 왼쪽)과 둘째 부인(이숙진, 오른쪽)

조성환 부부와 가족사진

첫 양자 조규식과 함께 찍은 가족사진
왼쪽부터 조순구(첫째 부인), 조규식(양자), 조성환, 이숙진(둘째 부인)

조성환 둘째 부인

1936년 대한민국 임시정부 국무위원과 그들의 가족들
둘째 줄 왼쪽부터 송병조, 이동녕, 김구, 이시영, 조성환, 셋째 줄 왼쪽부터 연미당, 엄항섭, 조완구, 차리석, 둘째 부인 이숙진

지만 구도는 미세하게 두 영역으로 나뉘었다.

첫째 부인 조순구는 1937년에 귀국했다. 뒷날 첫째 부인이 신문기자에게 중일전쟁이 나던 해에 귀국했다고 밝힌 점으로 보아, 그의 부인과 양자 조규식이 귀국한 때가 이 무렵으로 여겨진다. 조성환은 중일전쟁이 일어나기 바로 이전까지 지아싱과 쩐쟝, 그리고 난징을 중심으로 움직였다는 점으로 보아, 그의 가족들도 난징에 머물렀을 것이다. 가족을 고국으로 돌려보내고, 그의 옆에는 중국인 둘째 부인 이숙진이 남았다.

그렇다면 난징에 머물던 시절에 첫째 부인이 귀국했다는 뜻이다. 양자 규식은 국내를 오가며 자금을 공급하는 데 힘을 썼고, 만 27세가 되던 1942년에 충칭重慶에서 사망했다고 전해진다. 그가 그래서 조성환은 뒷날 고국으로 돌아온 뒤 1923생인 조규택을 두 번째 양자로 맞아들여 두 번째 부인의 후사로 정해두었다. 그때가 세상을 떠나기 한 해 전인 1947년이다.

임시정부 요인들과 찍은 사진에는 둘째 부인이 여러 차례 등장한다. 1936년에 촬영된 임시정부 국무위원들의 사진에는 7명의 국무위원 전원과 엄항섭·연미당 내외, 그리고 엄항섭의 세 아이가 있고, 뒷줄 오른쪽 끝에 바로 조성환의 둘째 부인 이숙진이 서 있다. 둘째 부인은 그 후로도 여러 차례 사진에 등장했다.

한국광복군 만들기에 힘쓰다 12

1937년 7월 7일 일본군이 중일전쟁을 일으켰다. 중국국민당 정부는 안전지대를 찾아 전시수도를 옮겨 갔다. 그곳이 바로 충칭이었다. 중일전쟁을 마주하며 임시정부와 독립운동가들은 희망과 두려움이 엇갈렸다. 한국 독립운동가들이 늘 바랐던 상황은 일본이 전쟁을 일으켜 몰락하는 것이었다. 그런데 중국국민당 정부는 한 걸음씩 뒤로 밀리면서 전쟁에 나서려 들지 않았다. 중일전쟁이 일어나면 전쟁은 곧 세계대전으로 번질 것이며, 그때가 곧 한국이 독립할 기회가 될 것이라고 예상하고 있었던 터였다. 그러한 예견은 사실 제1차 세계대전이 마무리된 뒤 얼마 지나지 않은 1920년대 초반에 나오기 시작했다. 일제의 만주침공과 상하이침공 때에도 중국이 본격적으로 일본을 맞받아치는 전쟁을 기대했지만, 결코 그렇지 않았다. 이에 한국 독립운동가들은 실망감을 느꼈다. 그런데 중일전쟁이 터졌고, 중국정부가 더 이상 전쟁을 피할 수 없게 되자, 이것이 곧 한국의 독립을 이루어낼 수 있는 기회라고 느끼기 흥분할 만했다.

하지만 한편으로는 중국군이 일본군을 쉽게 막아내지 못하면서 임시정부가 겪어야 할 고난은 불 보듯 뻔했다. 전쟁이 시작되자마자 다섯 달 만인 1937년 12월 13일 중국국민당 정부의 수도 난징이 일본군에게 함락되고, 그 과정에서 일본군이 30만 명이나 되는 무고한 시민들을 학살하는 만행이 저질러졌다. 그 뒤로도 일제의 포악한 행위는 그치지 않았다. 임시정부 요인들이나 독립운동가들의 가족이 견뎌내야 할 고난은 말로 표현하기 힘들 정도였다. 이처럼 기회에 대한 기대와 전쟁에 대한 두려움이 서로 엇갈리는 상황이 눈앞에 닥쳤다.

중일전쟁은 군무장을 맡은 조성환에게 활동 방향과 방법을 내놓길 요구했다. 전쟁이 일어나고 일주일이 지난 7월 15일에 주석 이동녕 주재로 비상 대책을 세우기 위한 국무회의가 열렸다. 전시체제를 만드는 책임의 첫 발은 당연히 군무장을 맡은 조성환의 몫이었다. 그래서 국무회의는 먼저 군무장 조성환에게 군사위원회를 만들어 독립전쟁 수행에 필요한 모든 계획과 업무를 맡기기로 결의하였고, 이에 따라 가장 먼저 조치가 군사위원회 조직을 추진하였다. 국무회의는 군무부가 제출한 전문 8조의 군사위원회 규정을 통과시켰다. 16일에는 유동열·이청천·이복원·현익철·안경근·김학규 등 6명이 군사위원회 상무위원으로 선임되었다. 모두 만주에서 독립군 지도자로 활약하거나 무관 경력을 가진 인물이었다.

국무회의는 다시 군무장 조성환으로 하여금 군사시설에 대한 적절한 방침을 연구하여 제출하라고 요구하였다. 그러자 군무부는 10월 11일, 몇 개 연대를 편성하여 독립전쟁의 기본부대로 삼을 방안을 제출하여 이를 통과시켰다. 구체적으로 대부대를 편성하려면 무엇보다 먼저 군사간부를 길러내야 하고, 이에 맞추어 속성훈련과를 설치하여 초급장교를 육성하기로 방향을 정했다. 이러한 결정은 임시정부가 독립운동 방략을 의열투쟁에서 군사노선으로 전환했다는 점을 말해 준다. 광복의 유일한 방법이 독립전쟁이라는 판단 아래, '군사인재 양성', '군사통일기관 설치', '특무사업 실행'을 골자로 하는 사업방향을 정한 것이다. 이 사업은 중국정부가 임시수도로 정한 충칭을 향해가면서 조금씩 실천으로 옮겨졌다.

중일전쟁을 맞아 임시정부와 그 주변에 정치적으로도 큰 변화가 나타났다. 임시정부 여당인 한국국민당이 나서서 우호적인 독립운동 정당들과 손잡고 연대체제를 만들었다. 중일전쟁이 일어난 뒤 한 달이 지나 한국광복운동단체연합회(줄여서 한국광복진선 또는 광복진선)라는 연대조직이 결성되었다. 여기에는 임시정부의 여당인 한국국민당, 임시정부를 이탈하여 민족혁명당에 합류했다가 뛰쳐나온 한국독립당 재건파(홍진·조소앙), 마찬가지로 민족혁명당을 이탈해 나온 조선혁명당(이청천)이 주력으로 참가하고, 미국에 있던 대한인독립당(김호)·동지회(이승만)·국민회(현순)·애국부인회(박신애)·단합회(전경무)·애국단(한시대) 등 5개 단체가 연합하여 결성하였다. 한국광복진선은 다음과 같은 3가지 사항을 선언하였다.

첫째, 중일전쟁은 우리 한중 민족의 생사존망 최후의 문제이다.
둘째, 우리 한국 민족은 군기群起하여 중국을 위해 항일전전에 참가한다.

셋째, 중한 양 민족은 연합하여 왜적을 응징한다.

이때 한국국민당의 주역은 이동녕·김구·이시영·조성환·조완구·송병조·차리석·김붕준·엄항섭·양우조 등이었다. 조성환도 한국국민당 핵심이면서 국무위원 가운데 군무장의 직책을 맡고 있었다. 한국독립당 재건파에는 홍진·조소앙이 중심인물이었고, 조선혁명당에는 양기탁·유동열·황학수·이청천 등이 핵심인물이었다. 이렇게 광복진선이 결성된 뒤 김구는 10월 1일 이승만에게 편지를 보내, 내각 개편과 이에 따른 업무 분장에 대해 알려 주었다. 자신은 외교와 재정 및 특무를 맡고, 조성환을 비롯하여 유동열·이청천·현익철에게 군사를, 조소앙에게는 이론선전을 맡겼다는 내용이 담겨 있다.

중일전쟁이 터지자, 임시정부 판공처가 더 이상 난징성 밖을 맴돌 이유가 없어졌다. 어차피 중국이 일본과 전쟁을 벌이고 있었기 때문이다. 그리하여 10월 16일 제30회 임시의정원 회의가 난징 중화문 안에 있던 임시판공처에서 열렸다. 이 날 출석한 인물을 보면 조성환을 비롯해 송병조·이동녕·이시영·조완구·김구·김붕준·차리석·조소앙·엄항섭·민병길 등 대부분의 요인들이 참석하였다.

12월 13일 난징이 일본군에게 함락되었다. 이때부터 일본군은 난징 시민을 학살하기 시작하여 무려 30만 명에 이르는 시민들이 참변을 당했다. 인류사에 보기 드문 만행이 저질러진 난징에서 임시정부는 11월 18일 임시판공처를 후난성 창사長沙로 이전하기로 결의하고 11월 말에 요인과 가족들을 이끌고 난징을 빠져나갔다. 크고 작은 배들이 앞다투

대한민국 임시정부 요인과 조성환의 가족(1937년 12월 23일)
앞줄 왼쪽에서 두 번째가 조성환의 중국인 장인인 이덕해, 뒷줄 두 번째 조성환, 다음이 중국인 아내 이숙진

어 빠져나가느라 뒤엉킨 아비규환의 현장에서 간신히 배를 구해 창장長
江을 따라 탈출에 성공했고, 곧 창사로 이동하였다.

창사에 도착한 뒤의 모습은 사진을 통해 알 수 있다. 이시영을 제외
한 국무위원 전원이 있고, 특이하게도 조성환의 중국인 장인과 둘째 부
인이 함께 촬영했다. 앞줄 왼쪽에서 두 번째가 장인 이덕해이고 뒷줄에
아내 이숙진이 서 있다.

이 무렵 임시정부에 참가하지 않고 있던 좌파 세력들이 한커우漢口에

서 연대하여 조선민족전선연맹(줄여서 민족전선)이라 일컬어지는 연합체를 만들었다. 이것은 민족혁명당·조선민족해방동맹·조선혁명자연맹 등이 연대한 조직으로, 우파 세력이 한국독립운동단체연합회, 곧 광복진선을 만든 것에 대응하는 것이다. 따라서 임시정부를 에워싼 광복진선과 여기에서 거리를 두고 있던 민족전선이라는 양대 연합체가 양립하는 모습을 보였다.

창사에 도착하여 얼마 지나지 않아 3·1절 기념식을 가졌다. 임시정부 수립 초기에 상하이에서 식을 거행하다가 얼마 지나지 않아 일제의 견제 때문에 공식적으로 가지지 못했던 기념식이었다. 이날의 행사 속에서 조성환의 모습도 확인된다. 이때 발간된 한국국민당 기관지 『한민韓民』 1938년 3월 1일자를 보면, 내무부가 기념식을 주최하고, 주석 홍진의 선포로 국기를 게양하는 현기식을 열었다. 여기에 이동녕·이시영·홍진·조성환·송병조·유동열·김구 등이 태극기 '마룻줄을 다리어' 깃발을 올렸다고 하였다. 조성환도 국무위원들과 함께 국기를 올리고 감격을 나누었다.

임시정부는 얼마 뒤 1938년 7월 19일 급히 남쪽으로 향해 발길을 돌렸다. 일본군의 침략 속도가 빨라지고 중국 내륙으로 전선이 밀려들자 남쪽 광둥성 광저우廣州로 이동한 것이다. 국제 정세의 변화와 고국에 대한 연결이나 정보를 확보하기에는 내륙보다 해안도시가 유리하다고 여겼다. 또 광둥 지역은 물산이 풍부하여 망명생활에도 편리한 면이 많았다고 여겼다. 그래서 7월 22일 광저우에 도착하였다. 그런데 예상과 다르게 일본군의 습격을 받아 9월 19일 급하게 북서 방향으로 탈출하였

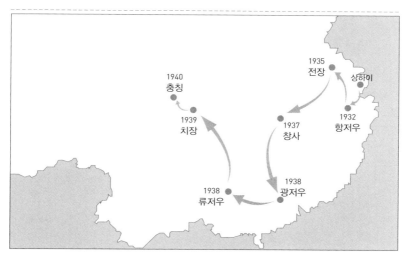

대한민국 임시정부 이동 지도

다. 나이가 많은 독립지사들과 나이 어린 가족까지 한꺼번에 움직이는 피난길은 힘들고 험했고, 더구나 일본 비행기의 사격으로 순간순간 위기를 겪기도 했다. 두 달 동안 피난길을 재촉한 끝에 일행은 11월 30일 광시성 廣西省(광서장족자치구) 류저우柳州에 도착했다. 그곳에서 6개월을 지난 뒤 1939년 4월 다시 북상해 5월에 충칭 남쪽 치장綦江에 도착하여 비로소 한숨을 돌렸다. 마침내 1940년 충칭으로 이동하여 중국의 전시 수도에 발을 디딤으로써 기나긴 피난길은 끝을 맺었다.

위기를 넘기며 피난하던 중에도 임시정부는 전시에 대한 대비책을 마련해 나갔다. 일단 어디에선가 정착하면 곧 군대를 만들어야 할 것이므로 필요한 준비는 해나가야 했다. 일본군의 공습에 시달리고 전쟁에 허덕이는 중국인들 틈에서 피난지에서 군사력의 기초를 만들었다. 1939년 2월 류저우에서 한국광복진선청년공작대를 조직하였다. 아직은 최전선으로 나갈 수는 없지만 먼저 중국인들에게 항전의식을 불러일으키고 부상당한 중국군을 위문하는 활동부터 시작하였다. 이들은 장차 전선으로 나아가 한국 청년들을 빼오고 이들을 가르쳐 군대를 편성하는 방법을 구체화시켜 나갔다. 마침내 이들이 충칭 남쪽 작은 도시 치장에 도착한 뒤에야 비로소 안정을 되찾고 최전선으로 요원을 파견하는 단계로 나아갔다. 이때 조성환의 역할이 두드러졌다.

1939년 10월 1일 임시정부 국무회의는 군사특파단을 구성하였다. 군사특파단이란 전선으로 요원을 특별 파견하여 한인청년들을 모아 군대로 길러내는 특별 임무를 맡은 조직이다. 조성환이 그 주임을 맡았다. 군사특파단원은 황학수·왕중량王仲良(나태섭羅泰燮)·이웅李雄이고, 거기에 서파徐波·노복선盧福善을 비롯한 군사공작원들이 동행했다. 이들 모두 독립군 경력을 가진 지도자들이었다. 이들이 파견될 곳은 산시성陝西省 시안西安이었다.

독립전쟁을 벌이려면 군대가 있어야 했다. 군대를 기르자면 당연히 청년이 필요했다. 그런데 마침 중국과 일본이 맞서 있던 전선 뒤편에 전쟁특수를 노린 한인들이 20만 명 정도 움직이고 있었고, 한인청년들도 포함되어 있었다. 특히 시안에서 동북쪽 방향에 길게 형성된 화북지역의 전선을 따라 그 뒤쪽에 전시 장터가 움직였고 한인청년들이 있었다. 또 일본군에 끌려간 한인청년들이 외출이나 휴가로 나온 경우에도 전선 바로 후방의 장터에 나타났다. 그러므로 이들을 몰래 만나 설득하고 탈

조성환이 군사특파단을 이끌고 머물던 시안 통제방 유적

출시켜 군사자원으로 삼는 것이 초모공작이었다. 목숨을 걸지 않으면 불가능한, 위험하기 짝이 없는 일이었다. 또 초모된 인물들을 군사간부로 양성하는 프로그램을 중국군과 협의하여 마련하는 것이 이들 군사특파단에게 주어진 임무였다.

이 일을 맡아 시안으로 가게 된 책임자가 바로 조성환이었다. 그가 군사특파단의 단장을 맡게 된 이유는 병력 모집이야말로 군대 창설의 성공 여부가 달린 최우선 과제였고 가장 적임자가 바로 조성환이라고 여겨졌기 때문이다. 그는 만 64세라는 나이에도 불구하고 군무장 자리를 물러나 고난의 길을 나섰다. 그가 맡던 군무장 자리는 이청천이 뒤를 이었다. 그리고 전시체제라 참모장 자리가 만들어져 유동열이 이를 맡았다. 조성환은 시안으로 파견되는 인물이라 무임소 국무위원이 된 것이다.

조성환은 군사특파단을 이끌고 1939년 10월 중순에 충칭을 떠나 그달 하순 시안에 도착하였다. 그곳 시내 북대가北大街 통제방通濟坊에 자리를 잡았다. 화북 지역을 점령한 일본군에 맞선 중국국민당 군대의 최전방 사령부가 그곳에 있었다. 특파단은 화북 지역의 한인교포들을 대상으로 초모활동을 벌여 나갔다. 그리고 다시 전선 뒤쪽의 한인청년들을 포섭하여 끌어들이는 작업에 나섰다. 하루하루 숨죽이며 진행 상황을 파악하고 사업을 추진하는 것이 조성환의 일이었다.

조성환은 황학수·왕중량·이웅·서파·노복선 등 단원과 함께 시안에 도착한 뒤 먼저 중국 측과 교섭하여 군사특파단이란 이름을 사용하는 데 합의하였다. 여기에 김광·노태준·안춘생·이영여가 동참하였다.

1940년 9월 한국광복군 성립식 후 한·중 양국 인사

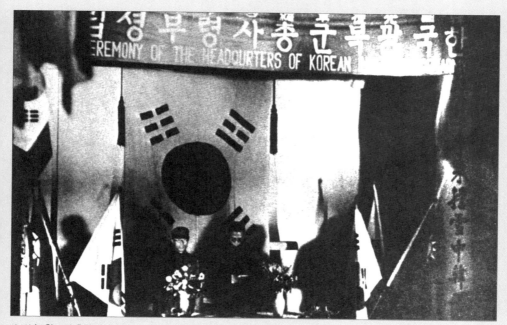

1940년 9월 17일 충칭 자링삔관에서 개최된 한국광복군 총사령부 창설식

집들과 암벽 속으로 수많은 동굴이 충칭의 특징을 잘 보여 준다. 또 1년에 9개월이나 안개가 짙게 끼어 일본군의 공습을 피하기 좋아 그곳으로 전시수도를 정했다. 그렇지만 일본군의 공습은 끊이지 않았고 피해도 컸다. 임시정부 청사가 두 번이나 폭격으로 불타 없어졌고, 그래서 급하게 집을 구해 이사하기도 했다. 바위 속 동굴로 피했다가 입구에 폭탄이 터지는 바람에 수많은 시민이 생명을 잃는 아비규환의 장면이 펼쳐지기도 했다. 그런 상황에서 한국광복군이 창설되었다. 먼저 총사령부부터 창설하고 뒤를 이어 전선에 가까운 곳에 지대를 설치하는 순서를 밟아나갔다.

총사령부는 자링장이 발치 아래 내려다보이는 자링삔관嘉陵賓館호텔에서 이른 아침에 성립 전례, 곧 기념식을 가졌다. 일본군 공습을 피하기 위해 이른 아침에 식을 연 것이다. 임시정부 요인은 말할 것도 없고 중국 국민당 정부의 요인들과 중국공산당 핵심인물들도 참석하여 축하했다. 그날 비용은 장제스의 아내 쑹메이링宋美齡이 지원했다. 당시 제2차 국공합작 시기였으므로 충칭에는 저우언라이周恩來를 비롯한 중국공산당 간부들이 머물렀고, 그들 대표들이 이 자리에 참석하여 성원을 보냈다.

8월 6일 다시 군무장이 된 조성환은 시안에 머물면서 공작을 펼쳤다. 국무위원인 그가 충칭으로 돌아가야 했지만 무엇보다 먼저 한인청년들을 초모하여 군대를 꾸릴 수 있는 인원을 확보하는 일이 급했다. 더구나 마침 시안에는 이미 한인 아나키스트 청년들이 중심이 되어 한인청년들을 초모하여 성과를 올리고 있었고, 군사특파단의 활약도 점차 결실을 맺고 있었다. 그러는 사이에 한국광복군 총사령부가 창설되고, 10월 9

일에는 헌법이 개정되어 군무장이 군무부장으로 이름이 바뀌었다. 이제 그는 군무부장으로서 최전선에서 활약하게 되었다. 군사업무 최고 책임자로서 그가 가진 책임감과 부담도 적지 않았다.

11월 1일 한국광복군의 통수권을 가지는 대한민국 임시통수부臨時統帥府가 구성되고 시행되었다. 이는 전시체제가 점차 틀을 잡아간다는 뜻이다. 이에 그는 당연직으로 통수부 막료幕僚도 맡았다. 당시 통수부 구성은 다음과 같다.

주석 : 김구

막료 : 유동열(참모총장), 조성환(군무부장), 조완구(내무부장)

통수부는 광복군에 대한 통수권을 행사하는 기구였다. 임시정부의 주석이 최고통수권자이므로 이는 주석에서 광복군 총사령으로 이어지는 통수체계가 확립된 것이며 편제상으로 임시정부의 직할군대가 된 것이다.

한국광복군 총사령부는 창설 두 달 만인 1940년 11월 17일, 시안으로 전진 배치되었다. 총사령대리 황학수와 참모장 대리 김학규를 비롯한 총사령부 직원들이 시안에 도착하여 얼푸제二府街 4호에 총사령부를 설치하고 활동에 들어갔다. 이것은 총사령부가 전방으로 나아가 한인청년들을 더욱 적극적으로 확충하여 군사력을 높이자는 것이 전략의 핵심이었다. 개헌이 이루어지면서 10월 10일부터 조성환은 군무장에서 군무부장으로 직명이 바뀌었고, 따라서 시안에는 군무부장이 직접 군사특파단장을 맡아 총괄 지휘하고 있던 상황에서 한국광복군 총사령부가 시안으로 이동해서 합류하게 된 것이다. 총사령부가 도착하던 무렵에는 마침 군사특파단이 하루가 다르게 성과를 올리고 있었다.

총사령부 직원 일부가 시안에 도착하여 총사령부 이름으로 업무를 시작하자, 군사특파단의 일도 그쪽으로 넘기는 것이 마땅하였다. 12월에 사실상 군사특파단 업무는 끝나고, 조성환도 정부의 명령에 따라 충칭으로 돌아오게 되었다. 그가 돌아와 복명함으로써 사실상 군사특파단은 마침표를 찍었다. 뒷날 군무부장 조성환이 임시의정원 의장에게 보고하기를 시안에서 활동하던 1년 1개월 동안 쓰인 예산은 모두 1만 4천 원이었다고 하였다.

군사특파단 단장이자 군무부장인 그가 전진 배치된 총사령부에게 업무를 넘기는 사이에도 두 가지 중요한 공작이 추진되고 있었다. 첫째는 단위부대인 지대를 편성하는 것이었다. 단위부대 편성은 장차 3개 사단을 편성한다는 데 목표를 두고 그 기초로 제1·2·3지대支隊를 편성하였다. 둘째는 시안에 터를 잡고 활약하던 한인 아나키스트 청년들이 한국청년전지공작대를 한국광복군 조직 안으로 합류시키는 것이었다. 이 공작대는 군사특파단과 같은 시기에 시안으로 이동하여 상당한 성과를 올리고 있던 터였다. 1940년 5월에 30명이 본격적으로 펼치기 시작한 초모공작은 그해 연말에는 100명 가까운 인원을 확보하여 군사간부로 육성할 정도였다. 따라서 이들을 한국광복군으로 편제시키는 일은 무엇보다 시급하고 중요한 임무였다.

이때 군무부장이자 군사특파단장이던 조성환이 기울인 노력은 어렵

한국청년전지공작대 성립 1주년 기념(1940년 11월 11일). 앞줄 다섯 번째부터 황학수, 나월환, 조성환

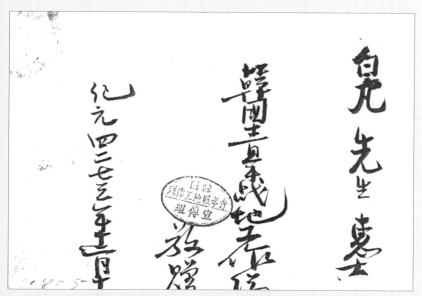

위의 사진 뒷면, 한국청년전지공작대가 백범 김구선생에게 드린다는 글과 함께 '한국청년전지공작대 선전조'라는 스탬프가 찍혀 있다.

지 않게 추측할 수 있다. 게다가 황학수와 김학규가 이끄는 총사령부가 전진 배치되어 가세하고 한국전지청년공작대 대표를 설득하는 데 힘을 쏟았다. 총사령부가 도착한 직후 1940년 11월 11일에 한국청년전지공작대는 1주년을 맞았다. 그날 조성환은 황학수와 함께 1주년 기념식에 참석하여 축하하였다. 그날 찍은 사진을 보면 조성환은 창파오, 황학수는 군복 차림이다.

이 사진에 보면 제목에 "한국청년전지공작대 성립 1주년 기념 유섬대원留陝隊員 촬영 1940. 11. 11"라고 적혀 있다. 섬陝은 산시성陝西省의 별칭으로 성의 수도인 성도省都가 시안이다. 앞줄 중간에 대장인 나월환이 앉아 있고, 오른쪽에 조성환, 왼쪽에 황학수가 자리를 잡았다. 사진 뒷면에는 한국청년전지공작대가 백범 선생에게 드린다고 적었다. 중간에 찍힌 도장에도 '한국청년전지공작대 선전조'라는 글자가 들어 있다.

이어서 12월 26일에 촬영한 한국광복군 총사령부 총무처 직원의 사진을 보면 총무처 직원들이 시안에 도착하여 기념으로 촬영한 것임을 알 수 있다. 앞줄 복판에 조성환이 누비옷 외투를 입고 털모자를 썼다. 왼쪽에 황학수 총사령대리와 오른쪽에 참모장대리 김학규가 앉았다. 모두 30명이다.

마침내 1941년 1월 1일 한국청년전지공작대를 한국광복군 제5지대支隊로 편성하는 데 성공하였다. 앞서 광복군은 군사특파단 인원과 모병된 인원을 중심으로 제1·2·3지대를 편성했던 터라, 새로 편입시킨 이 부대를 제5지대로 편성하여, 모두 4개 지대를 갖추게 되었다.

제5지대 결성식이 있던 그날, 한국광복군이 펴낸 기관지 『광복』 제1

한국광복군 총사령부 총무처원 일동(시안의 총사령부에서, 대한민국 22년 12월 26일). 가운데 조성환, 왼쪽 황학수, 오른쪽 김학규

권 제1기에는 이날의 모습을 손에 잡힐 듯이 그려냈다. 이날 행사는 두 가지였다. 하나는 1941년 1월 1일이니 새해를 맞는 날이니 신년하례를 나누는 단배식이 오전에 먼저 열렸다.

총사령부 간부와 장병들이 아침 태양 빛을 받아 빛나는 태극기를 중심으로 총사령부 앞 광장에 모여서서 장엄한 단배식을 가졌다. 이복영·안영희 두 청년 여군이 조용히 힘주어 잡아 다리는 줄을 따라 천천히 올라가는 태극기를 쳐다보면서 모두 우렁찬 목소리로 애국가를 부르며 감격과 흥분을 느꼈다.

이날 신년을 맞아 태극기를 게양하는 승기식 사진을 보면 맨 위에 '주중국駐中國 서경西京 한국광복군韓國光復軍 원단元旦 경축대회慶祝大會'라고 적혀 있다. 게양대는 나무를 중간에 이어 달아 10m 가까이나 되게 높이 올렸다. 그 머리에 태극기를 올리고 대원들이 경례를 올리고 있다. 게양대 바로 앞에 털모자를 쓴 사람이 조성환이다. 왼쪽 끄트머리에 간판이 하나 서 있고 거기에는 중한민족연합○○라는 글자가 보인다.

이날 단배식에는 총사령부 간부와 장병들이 참석했다. 그렇다면 군사특파단과 이들이 초모한 장병들, 여기에 이동해온 총사령부 간부 등이 참석하고, 제5지대로 편입될 한국청년전지공작대원은 참석하지 않았다. 총사령 이청천의 딸인 이복영(지복영)과 안영희가 태극기 줄을 당겨 올리고, 애국가를 우렁차게 불렀다. 이 자리에서 군무부장 조성환은 단배식 식사를 통해 다음과 같이 말했다.

이같이 우리가 함께 모여 성대히 신년을 단배團拜함은 근래에 보기 드문 일이니만큼 희비가 교집交集하여 감개가 무량하다. 이러한 성대한 예식을 당하여 우리 운동의 실질도 한 가지로 발전시키도록 노력하자. 우리는 성의와 결심으로서 금년 1년의 공작을 확대 발전시키도록 노력하고 또 약속하자.

총사령부 신년 기념 승기식(1941년 1월 1일)

제5지대 성립 전례(1941일 1월 1일)

　　이렇게 성대한 새해 인사를 나누는 단배식은 대한민국을 세우고 임시정부를 수립하던 초기를 제외하고는 없었다. 조성환은 이제 새해를 맞아 올 한해 공작을 확실하게 펼쳐나가자고 힘주어 강조했다. 스스에게 다짐하는 것이었다. 조성환의 식사에 이어 총사령 대리 황학수와 참모장 대리 김학규의 격려사가 이어졌다.

　　이 자리에 참석한 인물은 세 부류였다. 1910년대에 이미 망명하여 만주를 누비며 독립전쟁을 펼치고서 중국본토 영역으로 이동하여 임시정부에 발을 딛고 활동을 펼치며 나라 밖에서 독립운동을 30년이나 펼쳐온 원로들이 한 그룹이고, 한인청년들을 초모하여 군사력을 기르겠다고 이곳으로 이동해온 2세대 청년들이 두 번째 그룹이며, 이들의 노력으로 새롭게 독립군의 자원으로 확보된 신진 인물들이 세 번째 그룹이다. 이들이 한 자리에 모여 나라의 독립을 반드시 달성해내고야 말겠다는 다짐을 나누었다.

제5지대를 편성하는 결성식은 오후 1시에 열렸다. 총사령부 대례당에서 열린 결성 전례식에서 참모 유해준이 사회를 맡았다. 한국광복군 총사령부 정훈처는 이날 장면을 다음과 같이 표현하였다.

정황이 퍽 열렬하여 전례에 출석한 자는 광복군 총사령부 총무처의 전체 직원과 그 대의 전체 대원 및 내빈 함께 2백여 인을 계산하게 되었다.

대단히 성황이며 감격스러운 현장이었을 것이다. 이날 현장 모습을 알 수 있는 사진을 보면 대열의 배경에 태극기와 중국 국기가 엇갈리게 걸쳐 걸리고, 조성환이 중간에 앉고 그 곁에 황학수가 자리를 잡았다. 조성환은 이전처럼 모자를 썼다.

이 행사의 주석인 황학수 총사령관대리가 제5지대의 성립 의의와 광복군의 임무에 대해 말하고, 그 뒤를 이어 제5지대장 나월환이 서사誓詞를 통해 광복군으로서 투쟁대열에 참가하는 다짐을 서약하였다. 다음으로 군무부장 조성환이 축하와 격려를 담은 치사致辭 순서였고, 송수창과 이웅의 내빈의 축사가 이어지고, 나월환 대장의 답사로 마무리되었다. 이에 대해 정훈처는 "한국광복군 총사령부가 성립된 뒤에 해내 해외의 한족은 모두 향응하여 용약 참가하였다. 한국 혁명 진영의 추세는 날로 통일되어 혁명 역량은 더욱 집중되었으며 각지의 한국 무장부대는 모두

광복군 총사령부 지휘 밑에 집결되었다."고 의미를 덧붙였다.

조성환이 맡은 군사특파단은 그해 12월 29일 임무를 끝내고 해체되었다. 청년들을 초모하여 광복군의 자원을 확보하고 지대를 편성하는 기초 작업을 임무를 띠고 있던 터라, 이제 제1·2·3지대를 구성함에 따라 이를 해내고서 마무리된 것이다. 더구나 총사령부가 전진 배치된 상황에서 뒷일은 거기로 넘겨주는 것이 마땅했다. 그러고서 이틀 뒤에 광복군의 토대를 다지는 중요한 발전을 맞았으니, 이것이 바로 제5지대 편성이다. 군사특파단이 해체된 이틀 뒤에 공식적인 결성식을 가졌다. 이것은 말할 것도 없이 군사특파단과 총사령부의 교섭과 설득 작업이 주효해서 이루어진 것이고, 거기에 조성환이 힘을 쏟았음을 헤아릴 수 있다.

지대가 편성되고 제5지대가 성립되었으니, 조성환의 임무는 일단 모두 성공적으로 마무리되었다. 1월 19일 임시정부의 군무부장이자 통수부의 막료라는 본연의 직책을 맡기 위해 조성환은 충칭으로 돌아왔다. 최전방에 나아가 광복군이 만들어질 수 있는 인적 자원을 마련하는 데 온 힘을 쏟았고, 마침내 4개 지대를 만드는 일을 마치고 돌아온 것이다. 1년 넘는 동안 주어진 과업을 완전하게 달성했으니, 금의환향인 셈이다.

조성환이 시안으로 진출하여 활동하는 동안 그의 둘째 부인 이숙진은 임시정부 주변에서 요인 가족들과 어울려 지내며 활동에 참가하고 있었다. 당시 모습은 2장의 사진으로 알 수 있다. 하나는 1940년 3월 17일 치장에서 있은 이동녕의 장례식에 참석한 사진이다. 영정 바로 뒤

石吾孝寧東先生葬禮大會 攝影

이동녕의 장례식. 영정사진 바로 오른쪽이 이숙진

韓國革命女性同盟創立紀念全體攝影 大韓民國二十二年六月十七日

한국혁명여성동맹 창립총회(1940년 6월 17일). 뒷줄 왼쪽에서 세 번째가 조성환의 둘째 부인 이숙진의 엄항섭 오른쪽 곁에 선 사람이 이숙진이고, 그 오른쪽으로 송병조와 정정화가 서 있다.

또 1940년 6월 17일 촬영된 사진은 '한국혁명여성동맹 창립총회 전체 촬영'이란 제목이 붙어 있다. 셋째 줄 왼쪽에서 세 번째가 이숙진이다. 충칭에 도착한 뒤라 표정에서 여유를 찾을 수 있다. 이처럼 조성환이 시안으로 나가서 활동하던 동안 이숙진은 자기 자리를 잘 지키고 있었던 것이다.

충칭에 돌아온 뒤, 군무부장이자 통수부 막료로서 조성환의 일은 군사 예산과 인사, 모병업무 등 광복군의 군정軍政을 도맡고, 통수부의 막료라는 임무를 수행하는 것이었다. 이는 첫걸음을 내디딘 광복군을 제대로 키워내는 시작이기도 했다. 조성환은 무엇보다 먼저 군사자원을 확보하기 위해 전방 곳곳으로 한인청년을 불러 모을 수 있는 전초기지를 만들기 위해 나섰다. 그래서 곳곳에 징모를 담당할 요원들을 파견하였다.

충칭에 돌아온 직후인 1941년 3월 6일 징모처 제3분처 대원과 찍은 사진은 이러한 활동을 잘 보여 준다. 이 사진은 임시정부와 한국광복군 총사령부의 지도자들이 멀리 보내는 대원들을 송별하며 찍은 것이다. 주임 김문호를 비롯하여 한도명·이지일·신정숙이 중국 제3전구 장관부 소재지인 장시성江西省 상요로 파견되었다. 이들은 한국광복군 징모 제3분처라는 이름으로 그곳에서 한인청년들을 모으고 선전 공작을 펼치는 임무를 받았다. 첫줄 왼쪽부터 박찬익·조완구·김구·이시영·차리석, 둘째 줄 최동오·김문호·신봉빈(신정숙)·한도명·이규학·김붕준,

징모처 제3분처 대원과 조성환(1941년 3월 6일)

그리고 셋째 줄 왼쪽에 조성환, 그 곁으로 조소앙·이청천·이범석·양우조가 서 있다.

1941년 9월 18일 충칭 '우리촌'에서 차리석의 회갑 축하 모임이 열렸다. 조성환은 만 66세였다. 망명할 때 30세 젊은 청년이었는데, 독립운동 지도자 모두 노년에 이르렀다. 그 사이 새로운 청년들이 집결하고 피난하는 동안에도 아이들이 태어나 충칭에 도착해서는 3·1유치원을 운영할 정도로 아이들이 늘었다. 임시정부의 가족들이 여러 세대로 구성된 모습을 보여 주고 있다.

다른 사진은 조완구와 차리석 두 사람의 화갑을 기념하며 찍은 것이다. 앞에는 나이가 많은 조성환·김구·이시영이 앉고, 뒤에 송병조·차

차리석 화갑 기념(1941년 9월 18일). 둘째 줄 맨 왼쪽이 조성환

조완구·차리석의 화갑 기념(1941년 9월 23일)

송병조의 장례식(1942년 2월 27일)

리석·조완구가 섰다. 지팡이를 든 김구의 모습이나 조성환의 얼굴이 세월을 느끼게 한다.

　그다음 해 송병조가 세상을 떠났다. 조성환보다 두 살 아래인 송병조가 조완구와 차리석 회갑 사진에 등장하지 않은 점으로 보아 그때 이미 병고가 깊었던 모양이다. 송병조는 충칭 남쪽 화상산 기슭의 공동묘지에 잠들었다. 태극기를 덮은 관 오른쪽 차리석 바로 뒤에 조성환이 보이고, 오른쪽에서 네 번째에 그의 아내 이숙진이 고개를 숙이고 있다. 화상산에는 김구의 어머니 곽낙원과 맏아들 김인도 묻혔는데, 아마 조성환의 양자 조규식도 이곳에 묻혔을 것으로 추측된다.

1941년 12월 8일(현지시각 7일) 일본이 미국 하와이 진주만을 기습 공격하여 '태평양전쟁'이 일어났다. 이에 12월 10일 대한민국 임시정부는 국무회의와 임시의정원의 결의를 거쳐 주석 김구와 외교부장 조소앙의 이름으로 일본에 선전을 포고하는 「대한민국 임시정부 대일선전성명서」를 발표하였다. 상황이 급변하자 임시정부에도 큰 변화가 나타났다. 정치적으로는 좌우 통합정부를 이루어내고, 군사적으로도 한국광복군이 조선의용대를 편입시켜 통합된 군대로 확대 발전시키는 것이었다.

먼저 군사적인 통합은 진척을 보였다. 1942년 4월 20일 임시정부는 조선의용대를 한국광복군에 편입시키기로 결의하였다. 5월에 한국광복군 부사령직을 새로 만들어 김원봉에게 그 자리를 맡겼다. 그리고 조선의용대는 한국광복군의 신편 제1지대가 되고, 김원봉이 지대장을 겸임하였다.

군사통합에 이어 임시정부는 정치적으로 좌우 통합을 이루어냈다. 1935년 7월 의열단장 김원봉이 앞장서서 만든 민족혁명당은 여러 차례 좌우 통합을 논의했지만 끝내 임시정부로 합류하지 않고 주변을 맴돌거나 경쟁을 벌였다. 이런 상황은 불관주의不關主義라는 말로 불렸다. 그러다가 충칭에 도착한 뒤에 조선혁명자연맹과 조선민족해방동맹 등 좌파 세력 일부가 임시정부에 발을 들였고, 중국국민당 정부가 민족혁명당에 임시정부로 참여하라고 압력을 넣는 바람에 분위기는 반전되었다. 한국독립당과 협의가 진행되고, 1942년 10월 민족혁명당이 임시정부에 합류함으로써 마침내 좌우 통합이 이루어졌다.

충칭시 우스예샹吳師爺巷 1호에 있던 정부청사에서 임시의정원의 신임

影撮念紀同一員議院政議屆四十三第國民韓大

대한민국 임시의정원 34회(1942년 10월 25일). 앞줄 왼쪽에서 세 번째가 조성환

의원이 선출되고, 여기에 김원봉과 김상덕을 비롯한 민족혁명당 계열 인물과 함께 조성환·유림·민필호 등이 들어 있었다. 이때 조성환은 재미한족연합위원회가 선출한 미주 대표 의원이었다. 그는 임시의정원에서 이청천·김원봉·유동열·이복원과 함께 군사문제를 다루는 제4과에 속했다.

개원하던 날의 모습을 알려 주는 사진을 보면 임시의정원의 규모가 대단히 커졌다는 것을 확인할 수 있다. 제목에 '대한민국 제34회 의정원의원일동 기념촬영'이라 적혀 있다. 앞줄 중간에 김구가, 그 왼쪽으로 두 번째에 조성환이 앉아 있다. 그리고 앞줄 오른쪽 끝에 민족혁명당 대표이자 광복군 부사령 겸 제1지대장인 김원봉이 매서운 눈빛으로 당당하게 서 있다. 한국 역사에서 좌우가 한 공간에 합류하여 통합정부를 일구어낸 상징적인 장면이 아닐 수 없다.

군무부장 조성환은 임시의정원에서 군무부의 업무를 보고하였다. 예를 들어 1942년 10월 27일 그는 임시의정원에서 「군사행동에 관한 건」이라는 제목으로 의장에게 보고하는 자리를 가졌다. 그 내용은 중국 서북 지역과 강남 구역에서 펼친 작전의 전말과 광복군 성립의 개황으로 구성되었다. 서북 지역에 대한 보고는 자신이 직접 군사특파단을 이끌고 시안으로 가서 1년 2개월 동안 활약한 성과가 들어 있었다. 그중 몇 가지 중요한 사실을 살펴보자.

첫째, 고운기·왕중량·이달수·유해준 등으로 구성된 산시성 공작팀이 쑤이위원綏遠 방면으로 가서 활동하다가 유해준이 일본군에 붙잡히는 바람에 나머지 대원이 철수했다는 내용이 담겨 있었다.

둘째, 한국청년전지공작대를 제5지대로 편입시킨 성과가 보고에 포함되었다. 더구나 그곳에서 초모된 한인청년들을 중국 전시간부훈련 제4단에 특별히 개설한 한인훈련반에 들여 교육시키고 있다는 사실은 성공 사례로 보고되었다. 하지만 제5지대가 성립되었지만 그 편입을 주도한 5지대장 나월환이 1942년 3월, 제5지대 결성 두 달 남짓 지나 암살당하는 비극이 발생하였다. 그러자 총사령부는 시안을 비롯한 서북 지역 일대의 광복군을 모두 하나로 묶어 제2지대로 편제시켰다. 김원봉이 이끌던 조선의용대를 한국광복군 제1지대로 편성하면서, 이에 맞춰 제2지대를 새롭게 편성한 것이다. 조성환은 이러한 내용들을 정리하여 보고하였다.

셋째, 강남 지역의 공작 내용도 담겨 있었다. 1941년 3월 김문호를 주임으로 삼아 보낸 징모 제3분처가 안후이성安徽省 몇 곳에 통신처를 두고, 중국군 제3전구 장관부가 이동함에 따라 상야오上饒에서 난핑南平 으로 옮긴 사실이 언급되었다. 이들을 한국광복군 제2지대 제3분처가 된 내용과 파견되었던 한도명이 병사했다는 사실도 기록하고 있다.

넷째, 1942년 2월 김학규에게 징모와 선전의 책임을 주어 산둥방면에 근거를 정하고 징모 선전공작을 전개케 하였더니 적구를 통과하지 못하고 지금까지 안후이 부양阜阳市에 있으나 공작 전개할 길이 차차 열리고 있다는 사실도 보고하였다.

그런데 임시정부와 한국광복군에게 큰 충격이 준 일이 벌어졌다. 중국국민당 군사위원회가 한국광복군의 독자적인 활동을 가로막아 버린 것이다. 사실 한국광복군 총사령부를 결성할 때 비용을 댄 사람은 장제스의 아내 쑹메이링이었다. 그런데 정작 광복군을 창설하고 난 뒤에 중국국민당 군사위원회는 이 군대를 자기들 군사위원회에 소속시켜 장악하려 들었다. 임시정부가 통수부를 구성하여 광복군을 지휘하는 체제를 갖추었지만 중국군사위원회는 이를 인정하려 들지 않았다. 실제로 광복군이 전방으로 대원을 파견하려 해도 증명서를 발급해 주지 않아 어쩔 수 없게 만들었다. 임시정부는 하는 수 없이 중국국민당의 요구를 받아들여 그들의 통제를 인정한 뒤에야 활동이 가능했고, 중국국민당 군사위원회는 정훈처장과 경리처장 등을 직접 파견하여 광복군을 손아귀에 쥐었던 것이다. 이것이 바로 1941년 11월 중국국민당 정부가 광복군의 발목을 묶어버린 '한국광복군 9개 행동준승行動準繩'이었다. 광복군의 작전지휘권을 비롯하여 인사권까지 중국국민당 정부에 예속시켜 버렸지만, 임시정부로서는 이를 받아들일 수밖에 없는 형편이었다. 중국의 도움 없이는 움직일 수 없는 힘든 상황이기 때문이다. 하지만 중국정부의 지원이 흡족한 것도 아니었으니 불만이 터져 나올 밖에 없었다.

군무부장은 이러한 문제를 풀어나갈 책임자였다. 조성환은 극복하기 힘들 정도로 심한 압박감을 받았고, 답답한 현실에 분노했다. 그는 이 문제가 광복군만이 아니라 독립운동 전체를 고사시키고 있음을 지적하였다. 임시정부는 9개 준승을 수정하자는 요구를 거듭했다. 1943년 1월 국무회의에서 조성환은 유동열·조소앙·박찬익 등과 소조회小組會(혹은 분조회分組會)라는 특별조직을 만들어 중국과 재교섭을 추진하였다. 하지만 지루한 시간 싸움이 진행되었다. 1943년 10월 19일 임시의정원 제4분과 위원장 조성환은 의장 홍진에게 「광복군 9항준승 취소 재교섭안에 관한 건」에 대한 심사안을 제출하면서 임시의정원에서 이를 공식 안건으로 채택하고 교섭을 추진해 나갔다. 그러한 노력은 마침내 1944년 9월에 열매를 맺었다. 중국국민당 군사위원회가 임시정부에게 한국광복군을 통솔하는 권한을 모두 넘겨준 것이다. 하지만 커다란 성과를 올리기에는 때가 너무 늦었다.

1943년에 들어 다시 한 번 충격적인 일이 벌어졌다. 전쟁의 끝이 보이는 시점에 이르자 연합국 대표들이 전쟁이 끝난 뒤 한국을 공동으로

자유한인대회(1943년 5월 10일)

관리하자는 '국제공동관리' 문제가 대두한 것이다. 대한민국 임시정부 요인들이 충격을 받은 것은 말할 필요가 없다. 그래서 임시정부는 충칭에 있던 6개 단체들과 함께 자유한인대회를 열고, 또 외무부장의「전후한국독립문제불능찬동국제공관戰後韓國獨立問題不能贊同國際共管」이란 성명서를 통해 전후 절대독립을 주장하였다. 국제공관, 곧 신탁통치를 결코 받아들일 수 없다는 강경한 뜻을 담았다. 그날 모임을 보여 주는 사진 자료가 있다. 앞줄에 김규식이있고, 홍진과 차리석 사이로 셋째 줄에 조성환의 모습이 보인다. 여기에서 시작된 국제공관 반대 운동은 그해 12월 3일이 카이로선언에서 종전 이후 한국을 독립시킨다는 내용을 담을 수 있도록 만드는 데 기여했다.

1942년 조선의용대가 한국광복군에 합류하고, 민족혁명당이 임시정부에 들어왔다. 그러면서 좌파 세력을 이끌던 김원봉이 한국광복군 부사령 겸 신편 제1지대장을 맡았다. 그러다가 1944년 4월 제5차 개헌으로 주석·부주석제가 시행되면서 국무위원 자리에 변동이 생겼는데, 5월 조성환이 맡던 군무부장 자리가 김원봉에게로 넘어갔다. 그 바람에 조성환은 무임소 국무위원이 되었다.

그로서는 섭섭할 수도 있는 일이었다. 전선으로 나가 광복군을 창설할 기틀을 만든 인물이자, 1935년 이후 이청천에게 넘긴 10개월을 제외하면 오로지 군정 업무만 9년 가까이 도맡아왔다. 그렇지만 조선의용대를 받아들여 광복군을 확장하고, 통합정부를 원만하게 꾸려가는 과정에서 그는 이를 선뜻 받아들였다. 그의 결단과 행보가 돋보이는 부분이다.

그렇다고 그가 군사 업무에서 손을 뗀 것은 아니었다. 1944년 10월 3일 국무회의는 국내로 진공할 날짜가 멀지않다는 계산 아래 국내 비밀공작을 추진하기 위해 국내공작위원회를 설치하였다. 위원은 조성환을 비롯하여 김원봉·성주식·김성숙·안훈 5명이었다. 게다가 10월 통수부 판공처辦公處가 신설되면서 조성환은 그 주임을 맡았다. 그 일도 만만한 것이 아니었다. 기구의 성격을 감안한다면, 미국 OSS부대와 연합작전을 편다거나 국내진공작전을 구상하고 실천에 옮기는 일 등 해방 전야 광복군의 동향에서 그의 목소리와 의견이 크게 작용했을 것으로 쉽게 짐작할 수 있기 때문이다.

통수 : 김구

막료 : 참모총장 유동열, 군무부장 김원봉, 국무위원 대표 조완구,
　　　 판공처 주임 조성환

　국내 진공을 내다보는 시기에 통수부 업무는 숨 가쁘게 진척을 보였
다. 조성환은 1945년 3월 28일 임시의정원에 통수부 업무를 보고하였
다. 판공처가 만들어지면서 주임을 맡은 자신이 다섯 달 동안 노력한 일
들이 보고에 담겨 있었다. 첫째, 먼저 중국국민당 정부와 벌인 9개 준승
이라는 협정을 수정하는 것이 최고 사안이었는데, 그의 노력에도 불구
하고 완성하지 못한 점을 아쉬워했다. 둘째, 그래도 약간의 진척은 있어
전방에 훈련반을 꾸리는 일은 합의에 이르고 있다고 보고하였다. 셋째,
광복군의 군복과 군모, 군 휘장은 군무부에서 양식을 제정하고 통수부
에서 조사하고 따져 국무회의를 통과하였다. 넷째, 중국 10전구에 파견
한 김학규의 노력으로 70명 넘는 청년을 초모하였는데, 이를 제3지대로
편제하고 김학규를 지대장으로 임명하였다. 다섯째, 민족혁명당이 영국
인도주둔군과 호조협정互助協定을 체결하고 보낸 공작 성적이 양호하여
영국군이 다수 청년을 요구함에 광복군에서 협정을 체결하고 그 문건은
군무부장과 총사령이 협의하여 기초하고 국무회의 의결을 거쳐 군무부
장과 총사령이 교섭하도록 결정하였다. 이와 같은 보고에서 알 수 있듯
이 중국 정부와의 협상은 느리지만 조금씩 진척을 보였다는 점과 제3지
대 설치, 그리고 영국군과 연합하여 펼친 작전의 성과는 적지 않았다.
　마침내 1945년 8월 15일 일본이 항복했다. 이보다 일주일이나 앞서

차리석 장례 발인(1945년 9월 12일)

일본의 항복 소식이 전해졌다. 그런데 바로 직후인 9월 9일 광복을 맞아 모두 들뜬 상황에서 차리석이 세상을 떠났다. 장례식 사진을 보면 4년 전 함께 회갑을 맞았던 조완구가 태극기 덮인 관에 손을 대고 앞에 섰고 뒤에 아내가 아기를 안고 있다. 그 뒤로 이청천과 왼쪽 김구 사이 뒤로 이시영과 조성환이 아래위로 서 있다.

고국으로 돌아갈 날만 손꼽아 기다리던 그해 가을 조성환이 쓴 글

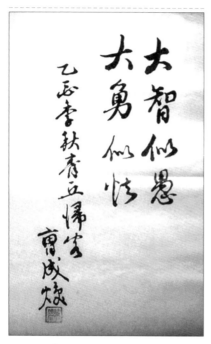
조성환 유묵(1945년 가을)

씨 한 점이 전하고 있다. '대지사우 大智似愚 대용사겁大勇似怯'이라는 글인데, '정말로 지혜로운 사람의 행동이 보통 사람 눈에는 바보 같아 보이고, 정말로 용기 있는 사람의 행동은 보통사람에게는 겁이 많은 인물로 보인다.'는 뜻이다. 지혜롭고 용기 있는 사람을 지향하는 마음을 담은 듯하다.

환국할 날이 되었다. 대한민국이란 국가를 망명지에서 운영하던 임시정부와 임시의정원을 점령국가 미국은 공식기구로 인정하지 않겠다는 점을 명시했다. 이 문제를 해결하려다가 3개월 가까이 보내고 말았다. 임시정부 요인들은 하는 수 없이 개인 자격으로 귀국하기에 이르렀다. 그래도 귀국하는 길이라 표정은 밝았다. 창파오를 벗고 양복으로 산뜻하게 갖추어 입었다. 조성환은 앞줄 김구 왼쪽 뒤에 서 있고, 맨 뒷줄 중간 왼쪽에 아내 이숙진이 보인다. 또 다른 사진에는 조성환만이 보인다. 여기에 등장하는 조성환의 모습에 가장 가까운 독사진도 전하고 있다.

대한민국 임시정부 환국 기념(1945년 11월 3일)

14 고국으로 돌아오다

광복이 되자 김구 주석과 김규식 부주석 등 15명으로 구성된 1진은 11월 23일 김포공항으로 귀국하였다. 그로부터 8일 뒤에 조성환은 환국 2진에 속해 1945년 12월 1일 군산으로 귀국하였다. 상하이를 이륙한 비행기가 오후 3시에 김포비행장 상공에 도착했으나 마침 날씨가 좋지 않아 착륙하지 못했다. 하는 수 없이 비행기는 남쪽으로 방향을 돌려 군산비행장에 내렸다. 살아온 날들도 그랬지만 귀국하는 길도 그리 순탄치 못했다. 일행은 자동차를 타고 서울로 향했다. 도로 사정이 그다지 좋지 않아 일행이 그날 밤으로 서울에 도착할 수는 없었다. 마음이야 급하지만 모두들 노령이라 밤 10시쯤에 논산에 도착해 일단 그곳에서 밤을 보냈다. 이튿날 일행은 유성비행장으로 이동하여 미군 비행기를 타고 오후 5시가 되어서야 김포공항에 도착하였다. 중간에 수행원 한 사람이 빠져 서울에 도착한 2진은 모두 22명이었다.

2진으로 귀국한 일행은 김진동과 안미생의 안내로 경교장京橋莊을 찾아 김구 주석을 방문하여 인사하고, 명동에 있던 한미호텔(서울 중구 충무로 2가 65-4, 현 신한은행 명동역지점 자리)에 짐을 풀었다. 조성환의 집은 동대문 근처여서 바로 지척이지만 일단 일행과 함께 한미호텔에 투숙하였다.

이튿날 3일 11시 환국한 인사 모두 경교장에 모였다. 일행은 감격적인 인사를 나누고, 광복된 고국에서 첫 국무회의를 열었다. 얼마나 간절히 기다렸던 날이었던가. 경교장 앞에서 국무위원들이 찍은 사진을 보면 노령에다 피로가 쌓였음에도 표정에 감격이 가득 깃들어 있음을 엿볼 수 있다. 긴 수염이 눈길을 끄는 조성환은 맨 오른쪽에 서 있다.

1937년 혼마치호텔로 사용되던 때의 한미호텔 (환국직후 조성환 일행이 머물던 곳)

경교장은 광산으로 거부가 된 최창학이 1933년에 지은 죽첨장竹添莊이란 저택이었다. 지상 2층에 지하 1층 규모였고 양옥 건물로 1930년대로서는 최첨단 건축물이었다. 대한민국 임시정부가 환국한다는 소식에 임시정부환국봉영회가 구성되고 이들이 요인들을 맞이할 준비에 몰두하자, 친일파였던 최창학이 처벌을 피해 보려고 '보험'으로 저택을 빌려주고, 자신은 뒷집으로 물러나 앉았다. 이 건물은 임시정부 국내 청사로 쓰이다가 김구가 암살당한 뒤에는 최창학이 돌려달라는 요구에 따라 김구 가족들이 집을 비워 주었다. 뒷날 고려병원을 거쳐

경교장 앞에 서 있는 대한민국 임시정부 요인들

지금 강북삼성병원 입구에 옛 모습 그대로 보존되어 있고, 내부는 변형
을 거쳤다가 복원공사를 거쳐 2013년 봄 기념관으로 문을 열었다.

이즈음에 신문기자는 환국 인사들의 연고지를 방문하여 가족들의 소
식을 소개하였다. 조성환의 집을 찾은 기자는 부인과의 만남을 이렇게
적었다.

의정원 의원 조성환 씨의 부인인 조성구趙聲九 씨의 매씨 조씨 부인에게
원서정苑西町 25번지 댁으로 반가운 소식을 전하니 70로인의 부인은 담

담한 표정으로 "네, 그렷소"하고 한참동안 말슴이 업다가 다음과 가티 종용히 말슴한다.

지금부터 아홉 해 전인 중일사변이 이러나든 해에 나는 먼저 도라왓는데 그 후 근 10년 동안 하두 세상이 소요스러워서 매우 걱정이 되엇군요. 70 로인으로 그 안부가 매우 념려되엇는데 다행히 무사하게 도라오섯스니 하늘이 도으신 덕분이 아닌가 하나이다.

－『자유신문』1945년 12월 3일

9년 전 귀국해서 원서동에 살고 있던 조성환의 부인은 기자의 소식을 듣고 매우 기뻐했을 것이다. 전쟁의 소란 속에서 늘 염려하다가 드디어 한시름 놓았을 터였다. 임시정부 요인 1진이 11월 23일 돌아온 뒤 여러 날이 지났으니 하루가 1년 같이 지루했을 것이다. 조성환의 부인은 한참 동안 말이 없다가 남편이 무사히 돌아온 것에 '하늘이 도운 덕분'이라고 표현하였다. 베이징을 드나들며 함께 지내는 날도 있었지만 중일전쟁 이후 고국으로 돌아온 부인은 거듭 피난을 떠난 임시정부와 소식이 끊긴 지 9년이나 되었고, 전쟁이 더욱 치열해지고 전선이 중국 깊숙이 형성된 상태라 날마다 염려하며 무사귀환을 비는 마음으로 지냈을 것이다.

조성환은 귀국한 뒤 세 방향의 길을 걸었다. 하나는 임시정부 국무위원 출신으로 걸었던 정치적인 길, 둘째는 대한제국 장교출신으로서 가진 행적, 셋째는 대종교인으로서의 삶이다.

정치적인 길을 살펴보면 대한민국 임시정부와 한국독립당과 같았다.

임시정부 요인 1진에 대한 환국 환영회가 12월 1일에 있었고, 조성환이 포함된 2진이 도착하자 12월 19일 '대한민국 임시정부 개선 환영회'가 대규모로 열렸다. 여기에서 눈여겨 볼 사실은 환국환영회가 아니라 개선환영회라는 점이다. 독립전쟁에서 이기고 돌아온 지도자들을 국민이 환영하는 자리였던 것이다. 국민들의 절대적인 지지 속에 임시정부는 과도정권을 마련한 뒤 대한민국을 완성하는 것으로 방향을 잡았지만 이는 쉽지 않았다.

모스크바 3상회의 소식이 전해지자 조성환은 임시정부의 신탁통치 반대 투쟁에 나섰다. 신탁통치반대국민총동원위원회가 조직되자 여기에 참가하였다. 그러나 해가 바뀌면서 좌익 세력이 신탁통치를 지지하는 바람에 신탁통치 반대투쟁의 발걸음은 더욱 급해졌다. 임정법통론과 반탁투쟁을 남북으로 확산시켜 이를 통해 정국의 주도권을 잡아보려는 것이 김구를 비롯한 임시정부와 한국독립당의 계산이었다.

김구가 이끄는 임시정부와 한국독립당은 비상국민회의를 기획하였다. 1946년 2월 1일과 이튿날 비상국민회의가 명동성당에서 열렸다. 저명한 지도자와 임시의정원 의원, 정당과 사회단체 대표와 각도 대표 등 195명 가운데 167명이 참가하였는데, 조성환은 이승만·김구·김규식 등과 함께 22명으로 구성된 대의원으로 선출되었다.

비상국민회의 대의원 명단

이승만·김구·김규식·권동진·오세창·김창숙·조만식·홍명희·이시영·조성환·조완구·유림·김원봉·홍진·최동오·엄항섭·조경

한 · 유동열 · 조소앙 · 김상덕 · 문덕홍 · 장건상

비상국민회의는 '임정법통론'에 바탕을 둔 과도정부를 수립하기 위한 대의체代議體였다. 비록 좌익 5당이 불참한 것이 흠이기는 했지만, 일단 비상국민회의에서 최고정무위원회가 구성됨에 따라 과도정부 수립을 위한 준비체제가 완비된 셈이다. 그러나 하지 장군이 이를 제지하고 나서는 바람에 미군정의 고문 구실에 머무는 민주의원으로 변질되고 말았다.

1946년 4월 6일에 유엔이 남한에 단독정부를 추진하고 이승만을 수반으로 선임할 것이라는 소식은 좌우익진영 모두를 경악시켰다. 김구가 통일정부가 아닌 어떠한 단독정부 수립도 반대한다는 성명서를 낸 것도 이 때문이었다. 단독정부 수립을 반대하는 정치세력을 하나로 묶는 일이 다급해졌다. 한국민주당을 제외한 우파 한국독립당 · 국민당 · 신한민족당이 하나로 통합하여 한국독립당을 구성하였다. 이 과정에 조성환도 이시영 · 권동진 · 오세창 · 김창숙 등과 함께 고문에 추대되었다.

5월 8일 미소공동위원회가 결렬되자 정국은 급변하였다. 김구가 자율적 통일정부 수립을 지향하는 데 반해 이승만은 단독정부수립론을 내세웠다. 그런데 미군정은 양자가 아닌 중간세력을 키우기로 방침을 정했다. 이에 김규식과 여운형이 나서서 좌우합작운동을 진행하였고, 한국독립당도 이를 지지하였다.

1946년 9월 16일 조성환은 대한독립촉성국민회 위원장으로 선출되었다. 대한독립촉성국민회는 앞서 2월 8일 서울 인사동에서 이승만의 독립촉성중앙협의회와 김구의 신탁통치반대국민총동원위원회가 통합

조성환은 김구와 함께 윤봉길 의거 14주년을 앞두고 그의 생가를 방문하였다(1946년 4월 27일).

하여 발족한 것이다. 이들은 완전 자주독립을 목표로 순연한 국민운동
임을 선언하고 남북과 좌우를 넘어 통일완수를 목표로 내걸었다. 그런
데 선언과 달리 전국 지부를 만들어가는 과정에서 파쟁과 분열이 거듭
되었다. 그러다가 9월 7일 회장제가 위원장제로 바뀌면서, 조성환이 위
원장, 정인보가 부위원장을 맡게 되었다.

조성환은 위원장을 맡은 뒤 9월 24일 11시 처음으로 기자단과 회견
을 갖고, 앞으로 대한독립촉성국민회가 실천해 나갈 국민운동의 방향에
대하여 자신의 포부를 기자들에게 밝혔다.

독립촉성국민회는 3천만 동포와 같이 예의염치를 알고 원칙을 실행하며 폐해를 교정하여 1일이라도 빨리 독립을 완성하자는 정신기구이오. 어떠한 정치단체가 아니므로 전국적으로 발전이 되는 중이니 동포 형제자매는 이 기틀을 잘 추진하여 독립준비가 구체적으로 진행됨에 노력하시기를 바라는 바입니다.

-『조선일보』 1946년 9월 25일

조성환은 대한독립촉성국민회가 정치단체가 아니라 정신기구라고 강조했다. 그 목적이 오로지 독립을 하루라도 앞당기는 것이며, 이를 위해 전국적으로 조직을 확대·발전시켜 나가고 있다고 밝혔다. 이어서 10월 8일에도 그는 위원장 자격으로 기자들에게 좌우합작을 기대한다면서도 신탁통치에 대한 이견이 여전히 걸림돌이라는 점을 내비쳤다.

한편 미군정이 좌우합작을 통해 남조선과도입법의원을 구성하자, 이승만은 국내에서 승산이 없다고 판단하고, 1946년 12월 미국으로 갔다. 명분은 유엔총회와 미국에 한국문제를 제기한다는 것이다. 그러자 12월 7일 대한독립촉성국민회가 나서서 외교사절 파견 국민대회라는 축하 행사를 동대문에 있던 훈련원 광장에서 열고, 조성환은 김구와 축사를 하였다. 그 자리에서 유엔총회에 조국의 완전 해방과 즉시 독립을 제소하기로 결의하였다. 사흘 뒤 12월 10일 경운궁에 있던 대한독립촉성국민회 위원장실에서 중앙간부회의가 열렸다. 이 자리에서 김구는 미국으로 가는 외교사절들을 지원하기 위해 충칭에서 환국할 때 장제스로부터 받은 외투를 벗어 기부하였다. 그러자 조성환은 눈물을 흘리면서 다음과 같이 답했다.

> 가난하신 선생은 조국의 독립을 위하여 평생을 싸우시고 이제 이 추운 혹한에 단 한 벌의 외투까지 조국에 바치셨는데 대하여 우리들 전 국민은 선생의 은혜를 가슴에 새기고 우리의 생명까지 내던져서 조국의 독립을 찾을 것이오.
>
> ―『동아일보』 1946년 12월 12일

광복을 맞은 뒤 처음으로 미국으로 외교사절을 보내면서 기대가 적지 않았고, 환송하는 목소리도 컸다. 아직 완전한 독립국가를 이루지 못했지만, 그래도 외교활동을 통해 완전 해방과 독립을 이루어낼 수 있다는 희망을 갖고 있었다. 그래서 환송 행사를 크게 열고 지원하는 분위기를 만들었고, 김구도 한 벌 외투를 기부했고, 조성환은 그 의미를 높게 평가하였던 것이다. 하지만 이승만은 이들의 기대와 달리 단독정부수립론을 관철시키기 위해 미국 정계에 로비를 하고 다녔다.

1947년 1월에 들자마자 시국이 들끓었다. 앞서 12월 24일에 하지가 북한에 보낸 서한이 공개되었기 때문이었다. 거기에는 신탁통치반대자를 협의대상에서 제외시키자는 내용이 담겨 있었다. 그러자 김구를 비롯한 신탁통치반대론자들은 격분하여 미군정 불신과 신탁통치반대투쟁의 재확산, 비상국민회의 중심의 기구 단일화를 계획하였다. 비상국민회의·독립촉성국민회·민족통일총본부 등의 통합이 논의되고, 반탁독립투쟁위원회가 조직되었다. 1월 26일 경교장에서 반탁독립투쟁위

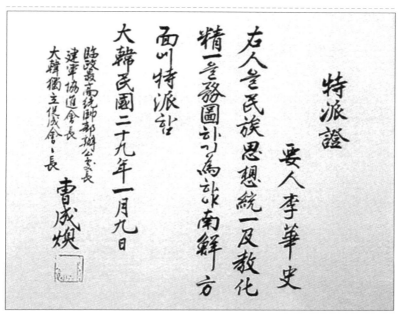

特派證. 1947년 1월 9일 화사 이관구를 남선 방에 특파한 증서이다.

원회 제1회 중앙집행위원회가 열려 이승만을 고문으로 추대하고 김구가 위원장이 되었으며, 조성환은 조소앙·김성수와 함께 부위원장을 맡았다. 바로 이어 비상국민회의가 열리고, 민족통일전선·독립촉성국민회·비상국민회의 통합이 결의되었다. 그 결실이 새로운 통합기구인 '국민의회'였으니, 의장과 부의장에 조소앙과 유림이 선출되고, 한국독립당 이하 63개 단체 대표와 13도 대표 50명으로 구성되었다. 김구는 국민의회를 임시적인 협의기구가 아니라 '상설적 대의조직'이며 '독립운동의 피 묻은 최고기관'으로써 '대한민국의 유일한 역사적 입법기관'이라 규정하였다.

이 무렵 2월 9일 천도교당에서 독립촉성국민회의 1주년 기념대회가 열렸다. 위원장 조성환은 개회사를 하며 자주독립과 정파를 초월한 국민운동, 통일 완수 등을 선언하였다. 그리고 결의문을 통하여 신탁통치를 절대 반대하고, 찬탁반역도와 그 집단 공적으로 규정하며, 완전 자주독립 전취한다고 밝혔다. 비상국민회의와 국민의회에 대한 지지를 표명한 것이었다.

이 무렵 조성환이 걸었던 길을 보여 주는 상징적인 문서가 한 장 있다. 이관구를 남선南鮮지방에 특파하면서 준 특파증인데, 시기를 '대한민국 29년'이라 밝혀 대한민국 임시정부를 잇고 있음을 명시했다. 더구나 자신의 직책을 세 가지로 썼다. '임시최고통수부판공처장'은 곧 대한민국 임시정부의 통수부 판공처장을 말한다. 이어서 건군협진회장과 대한독립촉성회 회장임을 명시하였다.

3월 1일 대한독립촉성국민회 대표 2,000여 명이 모여, "임시정부만이 30여 년 계속된 법통정부이므로 우리는 이를 봉대하고 천하에 공표한다."고 결의하였다. 김구는 이를 통해 과도정부가 성립되었음을 선포하고, 국민의회로 하여금 정부수립으로 직행한다는 뜻을 강조하였다. 김구는 '대한민국 임시정부 특별행동대 총사령부' 이름의 「포고령」을 배포하려고 하였다. 비록 미군정 치하에서 군대를 조직할 수 없더라도, 사실상 이에 준하는 통치행위를 지향했던 것이다. 그러나 미군정과 미국에 머물던 이승만이 강하게 반대하는 바람에 뜻을 이루지 못하였다. 임시정부 봉대가 실패한 것이다. 조성환은 이에 크게 실망하였다. 4월

第二十八週年大韓民國臨時立憲記念式

大韓民國二十九年 四月十一日

第二十八週年大韓民國立憲記念日
國民議會常任委員軒務局員
國務委員

제28주년 대한민국입헌기념일(1947년 4월 11일)

11일 창덕궁 인정전에서 국민의회가 대한민국 입헌 28주년 기념식을 열 때, 조성환은 이 자리에 참석하여 축사를 맡고, 19일 중앙중학 강당에서 열린 대한독립촉성국민회 정기 전국대표자대회에 참석한 뒤로는 5월 20일 고문으로 물러났다. 이승만이 단독정부 수립을 강경하게 밀고 나가면서 임시정부 세력과 완전히 갈라서게 되자, 조성환은 사실상 정치 일선에서 손을 놓게 되었다.

조성환의 마지막 정치행로는 1948년 3월 12일 7거두인 총선불참 공동성명이었다. 유엔소총회에서 '가능한 지역에서만이라도 총선거 실시하여 중앙정부 수립하자.'는 미국 측 제안이 통과되자, 조성환은 김구·김규식·김창숙·조소앙·조성환·조완구·홍명희 등과 함께 "오직 통일독립, 민족자결의 기회를 달라."라는 주장과 함께 총선에 불참한다는 공동성명서를 발표하였다.

한민족의 생존과 직결되는 중대한 문제가 한민족 자체의 이해와는 아무 관계없는 외세에 의해 좌우되는 것에 무조건 따를 수만은 없다는 민족자결주의 원칙을 강조하고, 강대국이 만든 38선 분단이 장차 민족상쟁의 참상을 초래할 가능성이 있음을 예견하였다.

5월 10일에 총선이 치러지고, 5월 30일에 국회가 개원하였다. 그리고 7월 17일에 헌법이 제정되었으며, 7월 20일에 정·부통령 선거가 치러졌다. 그렇지만 조성환은 남한 단독정부 수립에 끝내 반대하는 바람에 대한민국 정부 수립에서 한 발 비켜나 있었다.

한편 대한제국 무관 출신이자 군무부장을 역임한 경력에 따른 활동을 살펴보면 환국한 뒤 일주일 지난 12월 9일, 조성환은 이날 조직된 대

구한국장교회회원과 대한민국 임시정부 요인들

한민국 군사후원회의 총재로 추대되었다. 앞서 조선군사후원회·한국
광복군후원회·한국광복군군사원호회 등 3개의 원호 단체가 각각 활동
하고 있었는데, 이름만 보면 대한제국 군대 출신과 한국광복군 출신을
돕자는 뜻을 가진 단체들로 이를 하나로 묶어서 대한민국군사후원회로
통합하면서 그가 총재가 된 것이다.

　12월 12일에 가진 한 모임도 대한제국 군대의 장교 출신들의 모습을
보여 준다. '구한국장교회'라는 제목이 적힌 사진에는 회원들이 임시정

부의 국무위원과 한국광복군 지도자들인 조성환을 비롯하여 유동열·황학수·성주식 등이 있었다. 사진에 적은 글을 보면 뒤에 한규설의 사진을 모시고 찍은 것이라 적혀 있다. 한규설은 무과 출신으로 1905년 참정대신 시절 일본의 조약 강제에 끝내 반대하였다가 파면되고 1910년 일제가 남작이란 작위를 주려 해도 거부한 인물이다.

1946년 6월 18일 건국군협진회(한국장교단)가 열렸다. 이 모임은 동대문 안에 있던 조성환의 자택인 낙산장駱山莊에서 열렸는데, 이범석을 맞아 이날 오후 3시부터 환영회를 열고 5시에 흩어졌다는 기사가 『동아일보』 1946년 6월 20일자에 보도되었다.

동숭동 한국방송통신대학 뒤편에 있던 낙산장은 조성환이 돌아온 뒤 원서동에 살던 가족들과 함께 옮긴 곳이었다. 이 집은 일제강점 초기에 만들어진 일본식 다다미방이었는데, 방 세 칸과 마루가 있는 구조였다. 가운데 방을 중심으로 양쪽에 방과 마루가 있고, 왼쪽 방 뒤편으로 방 한 칸이 더 있었다. 그런데 광복 직후 대한민국 임시정부가 돌아오자, 신익희에게 이 집이 기부되었다고 전해진다. 여기에 신익희 내외와 아들 신하균 내외, 그리고 조성환 내외가 함께 살았다. 두 사람은 인척 사이로, 조성환이 나이가 많았지만 촌수로는 신익희 형수의 종손자가 된다. 1948년 조성환이 죽은 뒤 신익희 일가족이 거주하다가 1955년 신익희가 죽은 뒤 둘째 부인이 1980년까지 생활하였다고 알려진다.

또한 조성환의 대종교 활동을 살펴보면, 1946년 3월 30일 오후 2시 그는 사직동에서 단군전봉건회檀君殿奉建會의 진용을 정비하는 데 참가하

1947년 10월 보인계(輔仁稧) 정기 총회 기념

1948년 5월 5일 보인계 제2회 총회 기념

였다. 이 모임에서 조성환은 권동진·김창숙·홍진·황학수·조만식·이
동하·오하영·함태영·최동오·김두봉·조완구·김성수·조병옥과 함께
고문으로 추대되었다. 이 모임의 위원장에는 조소앙, 부위원장에는 이
규채·서성달이 선임되었다. 또 같은 해 8월에는 대종교 총본사에서 국
학 하기강좌가 열리자 조성환은 강의를 맡기도 하였다. 이러한 공적을
높이 평가하여 대종교에서는 조성환이 죽은 뒤 2년이 지난 1950년 5월
8일 그를 사교가도형司教加道兄으로 추숭하였다.

대종교 환국기념(앞줄 왼쪽부터 황학수, 조성환, 이시영, 윤세복, 조완구)

15 효창원에 영원히 잠든 군사전문가

조성환은 1947년 후반부터 모습을 드러내는 일이 드물어졌다. 숙환에 시달렸기 때문이다. 『대종교중광60년사』는 '1년 전부터 적노성병積勞成病의 숙환'으로 고생하였다고 적고 있다. 나이가 많은데다가 피로가 쌓여 병이 심해진 것이다. 이 때문에 1948년 3월 '7거두 공동성명' 이후로 모습을 보이지 않았다. 그러다가 1948년 10월 7일 오후 4시 40분, 그는 낙산장에서 만 73세의 나이로 세상을 떠났다. 그의 곁에는 81세 된 둘째 모친과 첫째 부인 조순구, 둘째 부인인 이숙진, 그리고 두 번째로 양자가 된 규택圭澤이 있었다. 첫 양자로 들였던 규식은 1942년 충칭에서 사망하였다. 이에 조성환은 세상을 떠나기 앞서 둘째 양자를 맞아들이면서 둘째 부인 앞으로 정해 두었다고 알려진다.

신문 기사에는 조성환에 대해 훌륭한 군사지도자요, 강직하고 고결한 인격인이며, 그래서 존경할 만한 애국 지도자라고 평가하였다.

군사에 있어 훌륭한 장령將領일 뿐 아니라 강직하고 고결한 인격의 유소

자로서 진실로 존경할 만한 애국 영수이었던 만큼 일반의 애도하는 정도 자못 높은 바인데 …….

−『자유신문』1948년 10월 9일

장례는 사회장이며 7일장으로 정해졌다. 이시영·오세창·김규식·신익희·이청천·이범석·김창숙·명제세·안재홍·조봉암 등 여러 인사가 발의하여 각 단체 대표자들의 모임을 가지고 사회장준비회를 결성하였다.

영결식은 13일 11시 반, 동대문 훈련원 부민회장에서 열렸다. 박윤진의 사회로 장례부위원장 조소앙의 노혁명가의 죽음을 슬퍼하는 식사가 있고, 조선운수회사 악대의 애악哀樂 연주, 조경한의 약사보고, 유정손이 서정주가 지은 추도가를 독창하였다. 이어서 장례위원장 이시영의 향 올리기, 부위원장 이범석의 헌화, 부위원장 조완구의 제문 낭독이 이어졌다. 영결식은 12시 반에 끝이 났다. 안장식은 오후 3시 효창원에서 거행되고 4시에 모든 순서를 마쳤다. 안장식 사진을 보면 김구가 영정을 향해 서서 추도사를 읽고 있다. 왼쪽 영정에는 '대한민국 임시정부 국무위원 겸 군무부장 조성환'이라 적혔다. 고개 숙인 조완구 뒤로 조소앙, 유림의 얼굴이 보인다.

효창원은 김구가 앞장서서 1946년 윤봉길·이봉창·백정기 3의사의 유해를 일본에서 찾아 모신 곳이고, 대한민국 임시정부의 최고 지도자였던 이동녕과 차리석의 유해도 중국에서 모셔와 안장한 곳이다. 또한 뒷날 안중근의 유해도 찾게 되면 모시기 위해 가묘를 만들어 둔 곳이기

조성환의 영결식

조성환의 안장식

도 했다. 그런데 이동녕 묘소 발치 아래 한 자리를 남겨두었는데, 이것은 독립운동 과정에서 늘 이동녕을 큰 형님으로 모셨던 김구가 자신의 자리로 잡아둔 곳이었다. 그런데 조성환이 세상을 떠나게 되자 김구는 그곳에 동지를 모셨다고 알려진다.

조성환이 세상을 떠난 이듬해인 1949년 5월 이시영 부통령이 유가족들에게 원호금을 전달하였다. 국무총리와 국회의장이 발기하여 의연금을 모으고 이것을 부통령이 전달한 것이다.

그런데 조성환이 세상을 떠난 지 8년 뒤인 1956년에는 효창원 훼손 기도 사건이 있었다. 효창공원에 대운동장을 건설한다는 결정이 내려진 것이다. 선열들을 모신 효창공원, 그것도 이봉창·윤봉길·백정기 3의사 묘 밑에 관람석을 만들고 대형 축구장을 만든다는 결정이 내려지고, 이동녕·차리석·조성환 묘소에 대해 이장하라는 통고가 있었다. 이에 기자들이 사실을 확인해 보려고 하자 대한체육회는 "본회에서는 효창공원의 경기장 건설에 대하여 하등의 관련이 없으며 그 내용도 잘 모르나 이대통령의 특명으로 공병대가 동원된 것으로 본다(『동아일보』 1956년 6월 1일자)."라고 하였다.

효창원은 본래 정조의 첫 아들 문효세자文孝世子(1782~1786)의 묘가 있던 곳이다. 일제가 이곳을 공원으로 만들고, 문효세자 묘는 서삼릉으로 옮겼다. 일제가 쫓겨 간 뒤 김구는 그곳에 애국선열을 모셔 성역을 만들 작정이었다. 그래서 3의사와 이동녕·차리석을 모신 것이다. 조성환과 김구도 세상을 떠난 뒤 그곳에 묻혔다. 그곳은 자연스럽게 애국지사의 묘역과 공원이라 두 가지 기능을 가지게 되었다. 그런데 갑자기 훼손

효창원 대한민국 임시정부 요인 묘소, 왼쪽부터 조성환, 이동녕, 차리석

효창원 대한민국 임시정부 요인 묘소에 있는
조성환 묘소

'선열들의 묘는 어디로', '3의사 묘 아래 관람석을' 축구장을 만들려고 밀어부치는 공병 불도저(『동아일보』 1956년 6월 1일)

작업이 진행된 것이다. 경무대가 정부 각 부서와 서울시에 지시해서 작업이 시작되었다. 1954년 이기붕 위원장과 김태선 부위원장이 이끄는 국민체육관건설실행위원회는 서울의 그 많은 공터를 다 제쳐두고 효창원에 국민체육관을 짓기로 결정했다. 대통령 비서실의 지시에 따라 1956년 5월 2일 서울시는 10만 명을 수용할 수 있는 '대운동장 건설'이란 이름 아래 이동녕·차리석·조성환의 묘를 옮기라고 유가족들에게 통보하였다. 그러면서 3의사 묘소 바로 발치 아래에는 관람석을, 김구의 묘 아래에는 관중이 앉을 스탠드를 설치한다고 발표했다. 육군공병단의 불도저가 나무숲을 밀어붙이기 시작했고 묘소 아래 연못을 메웠다. 유가족은 반발하고 야당은 국회조사위원회를 구성했다. 국회는 효창공원 공사 중지를 건의했고, 김창숙은 공사를 중단하라는 반대성명을 발표하면서 "만일 그렇지 않는다면 남산과 탑동공원 기타 각지에 있는 이대통령의 동상도 다음 세대에는 부르도자에 짓밟힐 것을 각오해야 한다."고 경고했다. 그래서 공사는 잠시 중단되었다.

하지만 1959년 6월 아시아축구 선수권대회 유치가 확정되자 이승만은 이곳에 축구경기장을 짓도록 지시했고, 이기붕 대한체육회장이 위원장을 맡은 국제축구경기장 건설위원회가 앞장서서 11월 축구장 건설에 들어가 이듬해 10월 제2회 아시안컵 축구경기가 열렸다. 4·19혁명으로 이승만이 하와이로 망명한 뒤였다. 김창숙의 경고가 무엇을 말하는지 헤아리지 못한 처사였다.

우리나라가 개항하기 1년 전에 태어난 조성환은 오로지 무너지는 나라를 지탱하려 버티고, 무너진 나라를 찾아 세우는 데 온 생애를 바쳤다. 27세에 신민회에 발을 들인 뒤 광복을 맞던 1945년까지 무려 38년 동안 그는 한 번도 곁눈질 않은 채 오직 겨레를 위해 피와 땀을 쏟았다.

독립운동사에서 조성환의 삶은 주목할 만한 특성을 보인다. 첫째, 그는 베이징을 독립운동의 주된 거점으로 만들었다. 그곳에서 신해혁명의 소식을 나라 안팎으로 알리고, 인재를 양성하면서 독립운동의 교두보를 구축하였다. 직접 신해혁명의 현장을 방문하면서 중국 혁명인사들과 교유하고 각지의 강무당이나 군관학교에 한인청년들의 유학을 주선하여 인재 양성에 노력하였다.

둘째, 그는 무관학교 출신이라는 장점을 살려 독립군 양성과 독립군 조직 통합 작업에 매달렸다. 청·장년기 20여 년 동안 그는 주로 베이징에 터를 잡고 만주·러시아·중국 관내 지역을 오가며 한인청년들에게 유학을 알선하거나 독립군으로 성장시켰다. 비록 임시정부 수립에 참가하고 짧은 동안 군무차장과 군무위원장을 맡았지만, 만주와 러시아 지역을 드나들며 대부분 시기를 독립군 조직과 통합 활동에 몰입하였다. 대한군정서에 참가하고, 러시아로 이동하기 위해 대한독립군단이 조직되자 부총재를 맡았던 그는 정의부와 신민부를 비롯한 만주 독립군 양성과 통합작업에도 매달렸다. 독자적인 조직이나 세력을 만들기보다는 독립군 조직을 통합하여 군사력을 극대화시키는 것이 그의 주된 활동이었다.

셋째, 1933년 이후 12년 동안 임시정부의 군사업무와 전시체제 구축에 힘을 집중하고 결정적으로 기여하였다. 만주에서 활약하던 이청천의 한국독립군을 중국 관내로 이동시키는 작업을 하고, 군사특파단을 꾸려 전방으로 나아가 한국광복군의 기틀을 마련하고, 다시 임시정부 군무부장, 통수부 막료와 판공처 주임으로서 다양한 활동을 펼쳤다. 군사와 관련된 업무를 군령과 군정으로 나누면, 그는 주로 군정 분야에서 탁월한 역량을 발휘했다.

넷째, 그는 자리에 매달리지 않는 큰 배포를 지니고 있었다. 좌우 통합정부를 구성하면서 선뜻 군무부장 자리를 내놓은 일은 흔한 경우가 아니었다. 대개 권력 다툼이 흔하디흔한 세태였지만, 그는 달랐다.

다섯째, 고국으로 돌아온 뒤에도 그는 대한민국 임시정부의 정통성을 이어가는 선상에서 한 걸음도 비켜나지 않았다. 대한독립촉성국민회 위원장을 맡으면서 임시정부 대표라는 점을 내세웠다. 더구나 김구와 더불어 총선에 참여하지 않은 그의 선택이 모든 것을 말해 준다.

여섯째, 그는 대종교를 독립운동의 정신적 바탕으로 삼았다. 1920년

대 북간도 지역에 대종교 근거지를 확보하고 이를 중심으로 한인동포사회를 경영하고 독립군 조직을 굳건하게 버티도록 만들었다. 환국한 뒤에도 그는 대종교 사업에 힘을 기울였다.

조성환은 73년 생애 가운데 구국투쟁과 독립운동에 몸 바친 것이 무려 46년에 이른다. 청사 조성환은 오직 나라를 위해 독립군을 길러내고, 한국광복군을 만들어낸 군사전문가이자 겨레의 큰 어른이다.

조성환의 삶과 자취

1875   서울 낙원동 124번지에서 태어남(7월 9일)

1900   육군무관학교 2기생으로 입교(11월)

1902   육군무관학교 자퇴투쟁 이끌다(1월), 유배형(3월)

1904   유배 해제(6월), 보병 참위 임관(6월, 직책 없음), 서울 상동청년회 활동

1905   평양 기명학교 교사, 안중근과 친교

1906   『황성신문』 한시 발표(10월 5일)

1907   군대 해산(8월 1일)에 저항하여 시가전 펼치다 부상 입은 장병의 구휼
        에 나섬

1908   연해주 가서 최재형 만나고 돌아옴, 기호흥학회 가입

1909   크라스키노 다녀옴(1월), 중국 베이징 망명(2월), '조욱' 이름 사용

1910   이 무렵 대종교에 가입, 안창호에게 줄곧 서신으로 정세 알림

1912   안창호가 조성환에게 '통신원' 위임장 보냄

        신규식과 신해혁명 현장인 상하이와 난징 방문(1월)

        체화동락회, 박달학원, 동제사(7월) 조직

        베이징에서 일제경찰에 잡혀 텐진주재 일본영사관에 갇힘(8월)

        거제도(혹은 진도)에 유배(10월)

        첫딸 연경 태어남

1913   유배에서 풀려남(연말, 혹은 이듬해 초)

1915   베이징으로 다시 망명, 신한혁명당 가입하여 활동 시작(3월)

1916   허난성 방문

1917	「대동단결선언」 발의자로 참가(7월), 북만주와 연해주로 활동무대 이동
1918	제1차 세계대전 끝남(11월)
1919	지린에서 발표된 대한독립선언서 서명(대표 39명), 상하이 도착(3월)
	대한민국 세우고 임시정부 조직한 제1회 임시의정원 회의에 참석
	임시정부 군무차장, 군무위원장(4월)
	블라디보스토크로 이동(8월), 박용만과 대한국민군 조직하고 총사령 맡음(10월)
	국내로 김성수에게 자금 지원 요청하는 서신 보냄(10월)
	대한군정서 주도
	체코슬로바키아군 가이다 사령관 만나 무기 구입 협상
1920	대한독립군단 부총재(12월)
1921	군자금 모집 위해 상하이행(6월), 자유시참변, 베이징에서 한교교육회 조직
1922	베이징에서 보합단 조직, 간사(1월)
	북만주 이동(가을)
1923	대종교 사업으로 동포사회 안정 위해 만몽사업회 구성
	군사연합회 준비회(화전현) 취지와 결의서 발송 책임(9월)
	대한군정서 군사부장 겸 참모(12월)
1924	대종교 총본사 전리대판이 되어 종무 행정 책임
	제2회 교의회 소집하여 홍범규제 수정(3월), 상교가 됨
	영안한인입적간민회 회장 맡음(4월)
	정의부 결성, 중앙행정위원 군사분과위원(11월)
1925	신민부 조직, 외교부 위원장(3월)
1926	대독립당조직북경촉성회 집행위원(10월)

1927	한국독립당관내촉성회연합회에 북경촉성회 대표로 참가(11월)
	대종교 정교가대형正教加大兄이 됨
1930	상하이에서 조직된 한국독립당에 참가(1월)
	이 무렵 중국여인 이숙진을 두 번째 아내를 맞아들임
1931	임시의정원 경기도 의원으로 뽑힘(12월), 한국독립당 베이핑(베이징)
	지부 간사
	딸 연경 사망(4월)
1932	임시정부 무임소 국무위원(11월)
1933	집안 조카 조규식을 양자로 맞아들임
1935	임시정부 군무장(11월~1939년 10월)
1936	임시의정원 경기도 의원(11월)
1937	중일전쟁(7월), 임시정부 난징 탈출(11월 말), 창사 도착(12월)
1938	임시정부 광저우 거쳐 류저우 도착(10월)
1939	임시정부 류저우 떠나 쓰촨성 치장 도착(4월)
	군사특파단 주임이 되어 산시성 시안으로 이동(10월), 초모공작
1940	임시정부 충칭 입성
	우파 3당 합당하여 한국독립당 결성, 집행위원(5월)
	둘째 부인 이숙진이 한국혁명여성동맹 창립에 참가(6월)
	임시정부 군무부장(8월~1944년 5월), 임시의정원 경기도 의원
	한국광복군 창설(9월)
	임시정부 임시통수부 막료(11월)
1941	시안에서 한국청년전지공작대를 한국광복군 제5지대로 편입(1월)
	충칭으로 귀환(1월)
1942	임시의정원 미주 대표 의원
	양자 규식이 충칭에서 사망

1943	자유한인대회 참가하여 국제공동관리 반대
1944	무임소 국무위원(5월), 통수부 판공처 주임(10월)
1945	충칭 출발(11월), 임시정부 요인 2진으로 환국, 반탁투쟁 참가(12월)
1946	비상국민회의 대의원(2월), 대한독립촉성국민회 위원장(9월)
1947	반탁독립투쟁위원회 부위원장(1월)
	둘째 양자 규택 입양(둘째 부인 후사로 정함)
1948	「7거두인 총선불참 공동성명」(3월)
	서울 종로 낙산장에서 서거(10월 7일), 사회장, 효창원 안장(13일)
1950	대종교에서 사교가도형으로 받듦(5월)
1962	건국훈장 추서(제도 변화에 따라 건국훈장 대통령장으로 바뀜)

참고문헌

자료

- 『국민보』·『권업신문』·『대한민국임시정부공보』·『독립신문』·『동아일보』·『북미시보』·『신한민보』·『자유신문』·『조선일보』·『중외일보』·『한민』·『황성신문』.
- 국사편찬위원회 , 『대한민국임시정부자료집』 1~14·16, 2005~2006.
- 국사편찬위원회 편, 『韓國獨立運動史資料』 1·3, 정음문화사, 1994.
- 김정명, 『朝鮮獨立運動』 2, 原書房 ; 東京, 1967.
- 도산안창호선생전집편찬위원회, 『島山安昌浩全集』 1, 도산안창호선생기념사업회, 2000.
- 독립운동사편찬위원회 편, 『독립운동사자료집』 6~12·14·별집2~3, 고려서림, 1984.
- 독립운동사편찬위원회 편, 『독립운동사』 3~10, 1972~1978.
- 독립운동사편찬위원회 편, 『韓國獨立運動史』 3~5, 1967~1969.
- 『不逞團關係雜件-鮮人의 部-在上海地方(1)~(4)』, 1914~1922.
- 『不逞團關係雜件-朝鮮人의 部-上海假政府(1)~(6)』, 1919~1926.
- 『不逞團關係雜件-朝鮮人의 部-鮮人과 過激派(1)·(3)~5』, 1921~1923.
- 『不逞團關係雜件-朝鮮人의 部-在滿洲의 部(5)~(10)·(12)·(26·(29)·(34)~(43)』, 1916~1926.
- 『不逞團關係雜件-朝鮮人의 部-在西比利亞(8)』, 1919.
- 『不逞團關係雜件-朝鮮人의 部-在支那各地(1)~(4)』, 1916~1926.
- 『北京在留朝鮮人의 槪況』, 1927.
- 『사상문제에 관한 조사서류(2)』, 1926.

- 『思想에 關한 情報綴(3)』, 1937.
- 『諺文新聞譯』, 1926.
- 『朝鮮軍參謀部發 朝特報에 관한 綴(1)~(2)』, 1923.
- 『조선소요사건관계서류(2)~(5)·(7)』, 1919~1921.
- 『朝鮮人에 대한 施政關係雜件 一般의 部(2)~(3)』, 1924~1925.
- 재상해일본총영사관경찰부, 『朝鮮民族運動年鑑』, 1946.
- 조선총독부경무국, 『高等警察關係年表』, 1930.
- 조선총독부경무국, 『朝鮮의 治安狀況』1927·1930·1936, 不二出版, 1984.
- 조선총독부 경북경찰부, 『高等警察要史』, 1934.
- 추헌수, 『資料韓國獨立運動』1, 연세대학교출판부, 1971.
- 『最近에 在支 不逞朝鮮人의 策動狀況에 관한 건』, 1942.

단행본
- 김희곤, 『대한민국임시정부(상해시기)』, 한국독립운동의 역사23, 독립기념관 한국독립운동사연구소, 2009.
- 신주백, 『중국지역 민족운동사(1920~30년대)』, 선인, 2005.
- 장세윤, 『중국동북지역 민족운동과 한국근현대사』, 명지사, 2005.
- 한상도, 『대한민국임시정부(장정시기)』, 한국독립운동의 역사24, 독립기념관 한국독립운동사연구소, 2009.
- 한시준, 『한국광복군 연구』, 일조각, 1993.
- 한시준, 『대한민국임시정부(중경시기)』, 한국독립운동의 역사25, 독립기념관 한국독립운동사연구소, 2009.

연구논문
- 민두기, 「辛亥革命與韓國的獨立運動-以曹成煥給安昌浩的信爲中心」, 『韓國學報』14, 中華民國韓國研究學會, 1996.
- 양태석, 「晴簑 曹成煥(1875~1948)의 항일독립운동」, 『한국근현대사연구』

53, 한국근현대사학회, 2010.

기타

• 한국독립운동사정보시스템 이미지자료(http://search.i815.or.kr).

ㅇ

독립군을 기르고
광복군을 조직한 군사전문가 조성환

1판 1쇄 인쇄 2013년 9월 20일
1판 1쇄 발행 2013년 9월 30일

글쓴이   김희곤
기 획   독립기념관 한국독립운동사연구소
펴낸이   김능진
펴낸곳   역사공간
          서울시 마포구 서교동 463-31 플러스빌딩 3층
          전화 : 02-725-8806~7, 팩스 : 02-725-8801
등록   2003년 7월 22일 제6-510호
ISBN 978-89-98205-22-5 03900

역사공간이 펴내는 '한국의 독립운동가들'

독립기념관은 독립운동사 대중화를 위해 향후 10년간 100명의 독립운동가를 선정하여,
그들의 삶과 자취를 조명하는 열전을 기획하고 있다.